主体的・対話的で深い学び実現の指導法100

若手教師必携！ベーシックフレーム

千葉雄二・村野 聡・久野 歩
井手本美紀 イラスト

学芸みらい社

まえがき

「主体的・対話的で深い学びの授業とは何ですか？」と聞かれることがあります。

みなさんは、どのようにお答えになるでしょうか。

私は「子供が熱中する授業です」と答えています。

「子供が熱中する授業」とは、「子供たちが、あることに集中して取り組み、教室の中が心地よい緊張状態になる授業」と考えています。

知的で楽しく活気のある授業のイメージです。

教え方の上手な先生は、子供たちを熱中させます。

そのような授業には、共通性があります。

①頭を働かせるような知的な授業
②「できない」状態から「できる」状態に挑戦していく授業
③「ゲーム」性があり、何度でも挑戦したくなる授業
④自分が考え、自分が創り出していくような授業、創造性のある授業
⑤やることがはっきりしていて、見通しがもて、全体が分かる授業

このような授業のとき、子供たちは主体的になり、熱中しています。

まだあるかもしれませんが、これらの共通性を使って授業改善を日々試みています。

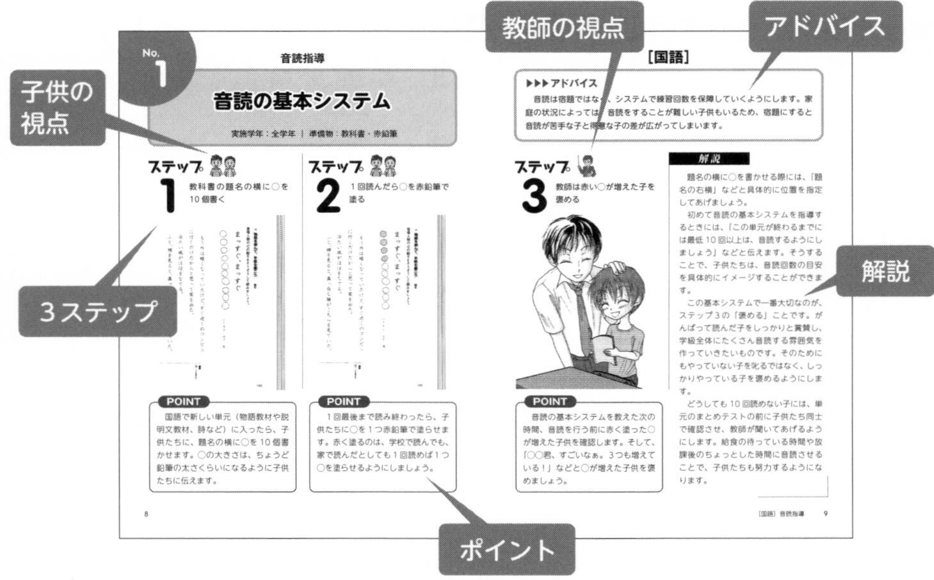

本書では、「主体的・対話的で深い学びを実現する指導の手立て」を３ステップに細分化して解説しています。

パラパラとめくっていただき、興味のある所からお読みください。

まず、アドバイスで全体像をつかんでください。

次に、３ステップをイラストでイメージしてください。

ステップには、教師の活動と子供たちの活動があります。

そして、ポイントや解説で授業や微細技術を確認してください。

子供が主体的になり、対話、深い学びにつながる授業や活用できる支援が教科ごとに整理されています。

「やってみたい」「面白そうだなあ」という所から実践し、活用していただければ幸いです。

ここで紹介している指導法などは、完成されたものではありません。

学級の子供たちに適した効果的な支援になるよう、さらに工夫を重ねてカスタマイズしてください。

本書が先生方のお役に立ち、子供たちが熱中し、笑顔になれば幸いです。

末筆になりましたが、本書の出版にあたっては、村野聡先生と久野歩先生の授業実践、それに合わせてイラストを描いてくださった井手本美紀先生にたくさんのお力添えをいただきました。

また、学芸みらい社の樋口雅子様より長期にわたって多大なるご助言と激励のお言葉をいただきました。

この場をお借りしてお礼を申し上げます。

千葉雄二

目次

Ⅱ 算数科授業のベーシックフレーム

§1 例題指導のベーシックフレーム

§2 練習指導のベーシックフレーム

Ⅲ 理科授業のベーシックフレーム

§1 理科授業のベーシックフレーム

§2 ノート指導のベーシックフレーム

V 体育科授業のベーシックフレーム

No. 1

音読指導

音読の基本システム

実施学年：全学年 ｜ 準備物：教科書、赤鉛筆

ステップ1

教科書の題名の横に○を10個書く

八 物語を読んで、手紙を書こう 読む

登場人物の心の動きをそうぞうして読みましょう。

まっすぐ、まっすぐ

○○○○○○○○○○

いでもと みき 文

もう外は暗くなっていたけど、すぐ近くのコンビニに行くだけだからと思って家を出た。

冷たい風がほほをなでる。

ふと、横を見ると、真っ白な猫がこちらを見ていた。

漢字 133ページを見よう

102

POINT

国語で新しい単元（物語教材や説明文教材、詩など）に入ったら、子供たちに、題名の横に○を10個書かせます。○の大きさは、ちょうど鉛筆の太さくらいになるように子供たちに伝えます。

ステップ2

1回読んだら○を赤鉛筆で塗る

八 物語を読んで、手紙を書こう 読む

登場人物の心の動きをそうぞうして読みましょう。

まっすぐ、まっすぐ

●●●●○○○○○○

いでもと みき 文

もう外は暗くなっていたけど、すぐ近くのコンビニに行くだけだからと思って家を出た。

冷たい風がほほをなでる。

ふと、横を見ると、真っ白な猫がこちらを見ていた。

漢字 133ページを見よう

102

POINT

1回最後まで読み終わったら、子供たちに○を1つ赤鉛筆で塗らせます。赤く塗るのは、学校で読んでも、家で読んだとしても1回読めば1つ○を塗らせるようにします。○は、丁寧に塗らせるようにしましょう。

[国語]

▶▶▶アドバイス

音読は宿題ではなく、システムで練習回数を保証していくようにします。家庭の状況によっては、音読をすることが難しい子供もいるため、宿題にすると音読が苦手な子と得意な子の差が広がってしまいます。

ステップ3

教師は赤い○が増えた子を褒める

POINT

音読の基本システムを教えた次の時間、音読を行う前に赤く塗った○が増えた子供を確認します。そして、「A君、すごいなぁ。3つも増えている！」などと○が増えた子供を褒めましょう。

解説

題名の横に○を書かせる際には、「題名の左横」などと具体的に位置を指定してあげましょう。

初めて音読の基本システムを指導するときには、「この単元が終わるまでには最低10回以上は、音読するようにしましょう」などと伝えます。そうすることで、子供たちは、音読回数の目安を具体的にイメージすることができます。

この基本システムで一番大切なのが、ステップ3の「褒める」ことです。がんばって読んだ子をしっかりと賞賛し、学級全体にたくさん音読する雰囲気をつくっていきたいものです。そのためにもやっていない子を叱るのではなく、しっかりやっている子を褒めるようにしましょう。

どうしても10回読めない子には、単元のまとめテストの前に子供たち同士で確認させ、教師が聞いてあげるようにします。給食の待っている時間や放課後のちょっとした時間に音読させることで、子供たちも努力するようになります。

No. 2

音読指導

追い読みの指導

実施学年：全学年 ｜ 準備物：教科書

ステップ 1 教科書を両手で持つ

POINT

題名の横に○を 10 個書かせた後に、音読を始めます。音読する際には必ず子供たちに両手で教科書を持つように指導をしましょう。両手で持たないと姿勢が崩れたり、手遊びを始めたりする子もいます。両手で持つことで音読することに集中させることができます。

ステップ 2 先生の後について読む

POINT

「先生の後について読みます」と指示をし、教師が一文や一文節を範読します。その後に、教師の読みを聞いて子供が同じところを読むようにします。こうすることで、音読が苦手な子や聴覚優位の子にも正しい読み方を伝えることができます。張りのある声で範読しましょう。

[国語]

▶▶▶アドバイス

教師が一文、または一文節を範読して、その後に子供が同じところを読むのが「追い読み」です。「追い読み」は、子供たちがすらすら音読できるようになるための有効な音読指導の一つです。

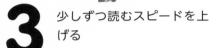

ステップ3

少しずつ読むスピードを上げる

POINT

「追い読み」を複数回行う場合には、意図的に読むスピードを少しずつ上げていきましょう。こうすることで、子供たちの読むスピードも上がり、すらすら音読できる子が増えていきます。教師は範読した後に、子供たちの読みを聞いて褒めることも有効な手立てです。

解説

教師「節分の夜のことです」
子供「節分の夜のことです」
教師「まこと君が、元気に豆まきを始めました」
子供「まこと君が、元気に豆まきを始めました」

このように教師が一文や一文節を範読し、その後に、教師の読みを聞いて子供が同じところを読むようにします。

追い読みをする際には、教師が範読した後に子供たちの様子をできるだけ見るようにしましょう。次に読む文章をずっと見ていると、誰が読んでいて誰が読んでいないのか、つまずいている子はいないかなど、様々なことを把握することができます。

また、子供たちも教師が一瞬でも見ている時間があると、緊張感をもって音読するようになります。

「追い読み」ばかりしていると飽きてしまう子もいますので、教師はリズムやテンポを変えたり、スピードを上げて読んだりするなど、バリエーションをもっておく必要があります。正確に張りのある声で読むことを意識しましょう。

No. 3

一文交代読みの指導

実施学年：全学年 ｜ 準備物：教科書

パターン 1 教師と一文交代読みをする

POINT

教師「先生が読んだ文の次の文を読みます」
教師「節分の夜のことです」
子供「まこと君が、元気に豆まきを始めました」

教師が読んだ文（行）の次の文（行）を子供に読ませるように指導します。

パターン 2 隣同士で一文交代読みをする

POINT

教師「隣の人と一文ずつ交代で読みます」
子供①「節分の夜のことです」
子供②「まこと君が、元気に豆まきを始めました」

ペアで一文ずつ交互に読みます。最後まで読んだら読む順番を変えます。

[国語]

▶▶▶アドバイス

一文交代読みは、一文（行）を交互に読んでいく指導法です。教師が様々なバリエーションをもつことで、楽しく音読指導をすることができます。変化をさせながら繰り返すことで子供たちは楽しみながら、何回も音読するようになります。

パターン 3 男女で一文交代読みをする

POINT

教師「男女で一文ずつ交互に読みます」
男子「節分の夜のことです」
女子「まこと君が、元気に豆まきを始めました」
男子が読んだ文（行）の次の文（行）を女子に読ませるように指導します。

解説

教師「先生が読んだ文の次の文を読みます」
教師「節分の夜のことです」
子供「まこと君が、元気に豆まきを始めました」
というように、教師が読んだ文（行）の次の文（行）を子供たちに読ませるようにします。読み終えたら、次のように指示を出します。
教師「交代をします。みんなが先。先生が後」
このように順番を変えて読んでいきます。
また、隣同士や男女など交代する相手を変えて音読指導を行っていきます。
この他にも次のようなパターンも考えられます。
①班のメンバーでの一文交代読み
②縦の列ごとに一文交代読み
③横の列ごとに一文交代読み
④教室を半分に分けて一文交代読み
詩を読ませる場合には、詩を上段と下段に分けて交代読みをすることもできます。
一文交代読みは、様々なバリエーションにすることが可能です。

No. 4

音読指導

たけのこ読みの指導

実施学年：全学年　|　準備物：教科書

ステップ1 自分が読みたい文や行を選ぶ

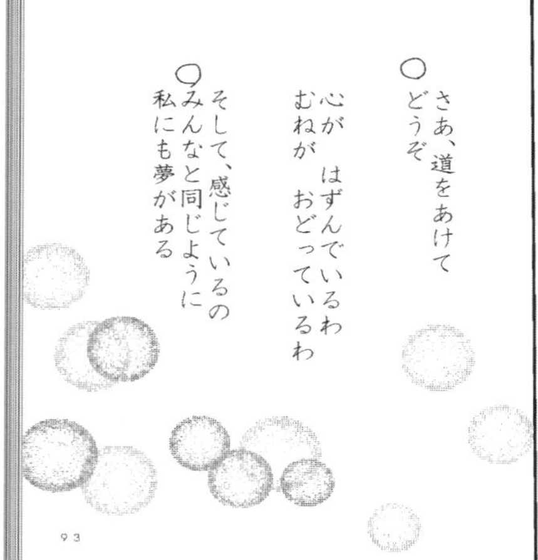

○さあ、道をあけて
どうぞ

心が　はずんでいるわ
むねが　おどっているわ

○そして、感じているの
みんなと同じように
私にも夢がある

９３

POINT

たけのこ読みの初期段階の指導は、詩で行うと子供たちも教師も取り組みやすくなります。まず、子供たちに読みたい行を２～３行選ばせます。その際に、選んだ行の上に丸印を書かせるようにします。こうすることで、子供たちはどこを読むかが明確になります。

ステップ2 自分の読みたい文や行がきたら立って読む

POINT

たけのこ読みを始めるときには、題名と作者を全員で一緒に読ませるようにします。こうすることで子供たちも立ちやすくなります。子供たちは自分が選んだ行がきたら、その場に立って読みます。最初はバラバラしていますが、繰り返し指導していくことで上手くなります。

［国語］

▶▶▶アドバイス

教師が指名をせずに、子供が読みたい文や行を交代で次々に読んでいく方法です。子供は自分で読む場所を選ぶことができるので主体的に取り組むようになります。繰り返し指導することで、子供たちは人前で立って読むことに慣れていきます。

ステップ3

読む文や行を増やしたり、長い文章を読んだりする

もう外は暗くなっていたけれど、すぐ近くのコンビニに行くだけだからと思って家を出た。

POINT

詩でたけのこ読みを行っている場合には、徐々に読む行を増やしていきます。こうすることで立って読む量が増え、人前で発言する耐性も付いてきます。また、長い文章で行う場合には、１～２ページにするなど読む範囲を限定して行うようにします。

解説

指導例（詩の場合）

教師「たけのこ読みをします。自分が読みたい行を３つ選んで、行の上に丸印を書きます」

このようにたけのこ読みを始める前に、子供に読みたい行や文を選ばせ、丸印を付けさせます。

その後に

教師「自分の行がきたら立って読みます」

読み始める際に題名と作者は、全員で一緒に読ませるようにします。こうすることで子供たちも立ちやすくなります。

最初はバラバラしていますが、繰り返し指導していくことでだんだんとリズムやテンポが上がり、子供たちも楽しくなってきます。その後は、読む行を変えたり、読む行を増やしたりしていきます。また、詩である程度たけのこ読みができるようになったら、長い文章でたけのこ読みに挑戦します。このときには、全文ではなく、ページを短く指定して行います。

たけのこ読みの指導でも、子供を褒めることで子供たちのやる気を引き出します。

指書きの指導

実施学年：全学年 ｜ 準備物：漢字スキル、ドリル

ステップ1

人差し指の腹をきちんと机につける

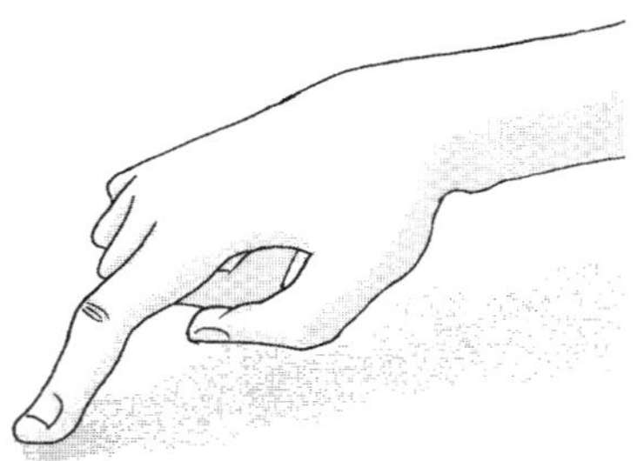

POINT

机の上に指の腹を置かせることは大切です。しっかりと指が机の上についていないといい加減な指書きになりやすいものです。指は第二の脳といわれ、机の上に指の腹で書かせることで、刺激が脳に伝わりやすくなるといわれています。必ず確認するようにしましょう。

ステップ2

筆順を見ながら指の腹で書く

POINT

筆順を見ながら書かせるときには、筆順を声に出させながら書かせるようにします。こうすることで、視覚や聴覚、触角を刺激しながら漢字を練習することになります。また、筆順を声に出すことで、子供が間違いに気付いたり、集中度が増して定着率も向上したりします。

[国語]

▶▶▶アドバイス

指書きは、新出漢字などを筆順を見ながら机の上に指で書かせるようにします。その際に画数を言わせながら、見ないで書けるようになるまで何度も練習させます。指書きでしっかり書けるようにしてから鉛筆を持たせることが大切なポイントです。

ステップ 3

見ないで書けるようになるまで練習する

POINT

子供はすぐに鉛筆を持ちたがります。そのため、「見ないで書けるようになるまで何回も練習します」などと指示をし、何度も指書きをさせます。こうすることで、新出漢字の定着率も上がります。これを徹底していかないと学習効果が薄くなってしまいます。

解説

新出漢字を練習させるときには、必要なものだけを机の上に出させるようにします。例えば、漢字スキル（ドリル）と筆箱のみにします。これは、不要なものがあると、集中できない子がいるためです。また、指書きを机上でしっかりと行わせるためにも十分なスペースを確保しましょう。そして、「人差し指を机の上に置きます」と指示をし、しっかりと指の腹が机に上に置けているかを確認します。この時、しっかりと置けている子を褒めるようにします。

次に「筆順を見ながら、声に出して指書きをします」と指示を出します。ここで声を出して書いている子や指の腹でしっかり書いている子を褒めます。

子供はすぐに鉛筆を持ちたがります。そのため、「見ないで書けるようになるまで何回も練習します」などと指示をして、何度も指書きをさせるようにします。こうすることで漢字の定着率が確実に上がります。

指書きの指導をする際には、左記に示した３つのポイントを意識して行いましょう。

No. 6

漢字指導

なぞり書きの指導

実施学年：全学年 ｜ 準備物：漢字スキル、ドリル

ステップ1 正しくなぞる

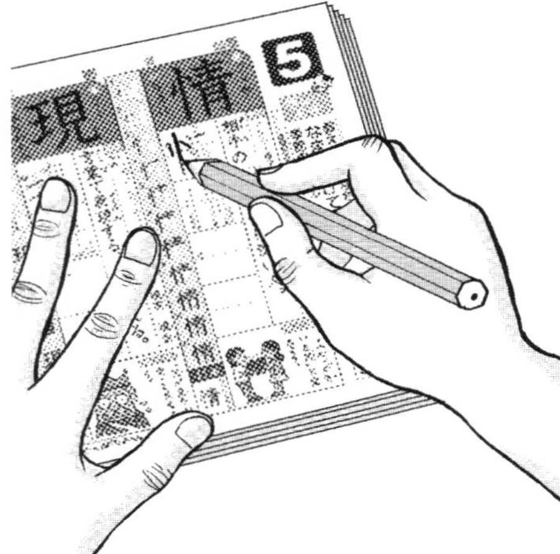

POINT

子供には「1ミリもはみ出さないようになぞります」と伝え、丁寧に正しくなぞらせます。この指示で緊張感が生まれ、子供たちが集中して漢字を練習するようになります。ただし、微細運動障害など特別支援を要する子には、教師が実態に合わせて対応しましょう。

ステップ2 筆順を言いながら書く

POINT

指書きと同様に筆順を言いながらなぞり書きをさせます。こうすることで、子供たちの集中力が増し、漢字の定着率も上がります。筆順を言いながら書いている子をしっかりと褒めたり、筆順を言いながら書く良さについて語ったりすると子供はさらにやる気になります。

[国語]

▶▶▶アドバイス

指書きをさせてみないで新出漢字が書けるようになったら、今度はなぞり書きをさせます。薄い漢字を鉛筆でなぞらせます。この時に筆順を言わせながら書かせるようにします。また、はみ出さないように丁寧に書かせることがポイントになります。

ステップ 

3 はみ出している場合には、やり直しをする

POINT

新出漢字の最初の指導では、漢字を1つ書かせたら教師のところに持ってこさせます。この時のチェックは厳しく行い、はみ出している子には毅然とした態度でやり直しをさせます。このチェックが甘いと、その後子供たちはいい加減に書くようになってしまいます。

解説

指書きで書けるようになったら、漢字スキルやドリルの薄い漢字をなぞらせます。この時も指導のポイントがあります。

「薄い漢字をなぞりなさい」と指示をし、正しくなぞらせます。このことにより、子供たちは正しい漢字の形を覚えます。空間認知能力に課題がある子供は、指書きやなぞり書きで漢字を覚えさせるようにします。

書き始めたら、次のように指示を出します。

「1ミリもはみ出さないようになぞります」

この指示は効果的ですが、微細運動障害など特別支援を要する子には大変厳しいものになります。そのため、教師が子供の実態に合わせてゆるやかに対応してあげることも大切な指導になります。

書けた子から漢字スキルやドリルを持ってこさせ、チェックを行います。この時にはみ出している子やいい加減に書いている子には、毅然とした態度でやり直しを命じます。これを繰り返すことで子供は丁寧に書くことの大切を学び、丁寧に書くようになってきます。

No. 7

漢字指導

写し書きの指導

実施学年：全学年 ｜ 準備物：漢字スキル、ドリル

ステップ1

手本を見ながらマス目いっぱいに新出漢字を書く

銅 ドウ 銅像。銅賞。銅線。分銅。銅メダルを首にかける。
修 シュウ おさ(める) 修復。修正。修理。改修。学問を修める。
復 フク 修復。回復。復活。復興。算数の復習をする。
絶 ゼツ た(える) た(やす) た(つ) 絶景。絶対。絶好調。便りが絶える。
評 ヒョウ 評判。評価。定評。作品が好評を得る。
判 ハン バン 評判。判定。判断。判明。裁判官が判決を下す。
移動。移住。移転。

POINT

写し書きをさせるときには、マス目いっぱいに丁寧に書くよう指導します。最初の指導の際には、チェックを行い、正しい写し書きを身に付けさせましょう。低学年であれば、４つの部屋を意識させたり、手本通りに書けているかを評価したりします。

ステップ2

筆順を唱えながら書く

POINT

写し書きのときに黙って書いている子がいます。指書き、なぞり書き、写し書きの全ての場面で声を出させることが大切です。画数と形をはっきりと覚えさせるためです。目と耳と手で漢字を覚える感覚を身に付けさせましょう。また、声を出して書いている子を褒めましょう。

［国語］

▶▶▶アドバイス

なぞり書きが終わったら、白いマスに手本を見ながら書かせます。これを「写し書き」といいます。手本のように書かせるために、マス目いっぱいに書くよう指示をすると効果的です。写し書きをするときも画数を唱えさせるようにします。

ステップ3 

一番下の欄には、何も見ないで書く

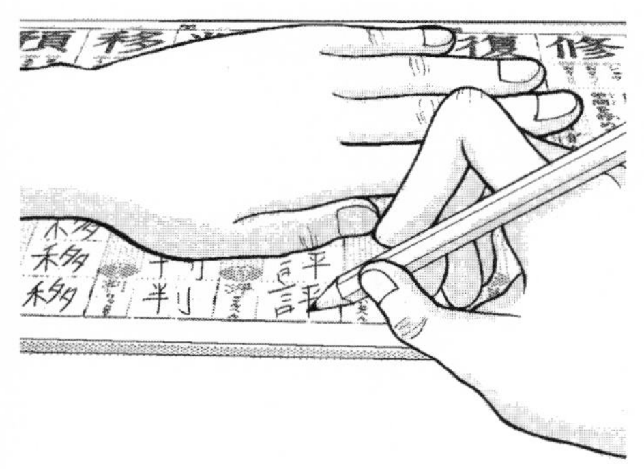

POINT

写し書きの一番下の欄は、上の字を隠して何も見ないで書かせるようにします。こうすることで、確実に覚えているか確認することができ、次の時間のテストの練習にもなります。覚えていないようであれば、何度も指書きを行わせ、定着を図るようにします。

解説

なぞり書きが終わったら、写し書きをさせます。この時に教師は次のように指示をします。

「漢字はマス目いっぱいに書きます」

「お手本をよく見て丁寧に書きます」

こうすることで丁寧に大きい字で書こうとする子が増えます。大きく丁寧に書いている子を教師は褒め、学級全体に大きく丁寧に書くことを指導していきます。

また、写し書きをしているときに筆順を言いながら書かせるようにします。こうすることで、より効果的に漢字を覚えることができます。この時に筆順を言っていない子を叱るのではなく、筆順を言いながら書いている子を褒めるようにしましょう。次第に学級全体に筆順を言いながら書くことが伝わっていきます。

写し書きの一番下の欄には、何も見ないで書かせるようにします。こうすることで自分自身で覚えているかをチェックすることができ、テストにもなります。指書き、なぞり書き、写し書きのシステムはなかなか定着しないので、教師が根気強く指導することが大切です。

No. 8

漢字指導

空書きの指導

実施学年：全学年 ｜ 準備物：漢字スキル、ドリル

パターン 1

教師に向かって全員一斉に空書きをする

POINT

全員を起立させ、教師に向かって指を突き出すように指示をします。そして、空書きをさせます。この時に必ず筆順を唱えながら空書きをさせるようにしましょう。「山」などの場合は、「イチ、ニーイ、サン」と、折れ曲がるところを伸ばして言わせるようにしましょう。

パターン 2

変化のある繰り返しで空書きをする

POINT

空書きを繰り返していると子供たちは飽きてきます。そのため、「目をつぶらせて書かせる」「大きく書かせる」「小さく書かせる」「速く書かせる」「ゆっくり書かせる」など変化のある繰り返しで何度も練習をさせます。こうすることで、漢字の定着を図っていきます。

[国語]

▶▶▶アドバイス

筆順指導や字形指導などで行われる指導法として、「空書き（そらがき）」といわれるものがあります。これは教師が児童に向かって左手を前に突き出し、筆順に沿って鏡文字を書き、児童がそれに倣って一緒に書くという指導法です。

パターン 3 教室の右半分と左半分で向かい合って空書きをする

POINT

教師との空書きだけなく、子供たち同士での確認もすることができます。子供たち同士で確認することで、緊張感も生まれ、子供たちはより真剣に取り組むようにもなります。また、学校公開や授業参観の日などは、参観している保護者に向かって行うこともできます。

解説

空書きをする際には、子供たちを起立させます。これは、空書きに集中させるためです。

空書きをする際に教師は、左手で鏡になるように文字を書くようにします。右手は太ももあたりで通常の文字を書くようにします。左手と右手が左右対称になる感覚で漢字を書くと間違いなく書けるようになります。慣れるまで練習をしましょう。

「川」の場合には、「イチ、ニイ、サン」と筆順を唱えますが、「山」の場合には、「イチ、ニーイ、サン」と画数を唱えさせます。折れ曲がる画を伸ばして唱えさせます。この時に大きな声を出して練習している子を褒めるようにします。

空書きのよいところは、「書けている子」「書けていない子」が明確に分かることです。「書けていない子」には、叱るのではなく、励ましながら何度も練習させることが大切です。

空書きを何度もしていると必ず子供たちは飽きてくるので、教師はたくさんの空書きのパターンを知っておくと楽しく学習を進めることができます。

No. 9

書き出しの指導

実施学年：全学年 ｜ 準備物：赤鉛筆、原稿用紙（過去の児童の A 評定書き出し文）

ステップ 1

まずは書き出しの一文だけ書く

。わたしは運動会が好きです。 松下
。運動会の日の朝は晴れていました。 内藤
。わたしは運動会でリレーのせん手にえらばれました。 中村
。ぼくがこの運動会でできた思い出は二つあります。 山口

POINT

「○○の作文を書きます。書き出しの一文を書いたら持ってきます」と指示し、全員分黒板に書かせます。ほとんどの子は「待ちに待った運動会。」のようなありきたりな書き出しです。（○○＝行事名）

ステップ 2

個別評定をする

B。わたしは運動会が好きです。 松下
B。運動会の日の朝は晴れていました。 内藤
B。わたしは運動会でリレーのせん手にえらばれました。 中村
B。ぼくがこの運動会でできた思い出は二つあります。 山口

POINT

子供に端から読み上げさせます。教師は黒板にＡ～Ｃで個別評定します。評価基準は、Ａ「一番心に残ったこと（クライマックス）から書いている」、Ｂ「普通」、Ｃ「文がおかしい」です。ほとんどがＢです。

[国語]

▶▶▶アドバイス

作文指導は書き出しの一文だけ書かせるなど局面を限定し、誰がよくて誰がよくないのかはっきり分かる形で指導をすると力が付きます。一時に一事の作文指導をしていくことが極めて重要です。

ステップ3 もう一度書き出しの一文を書く

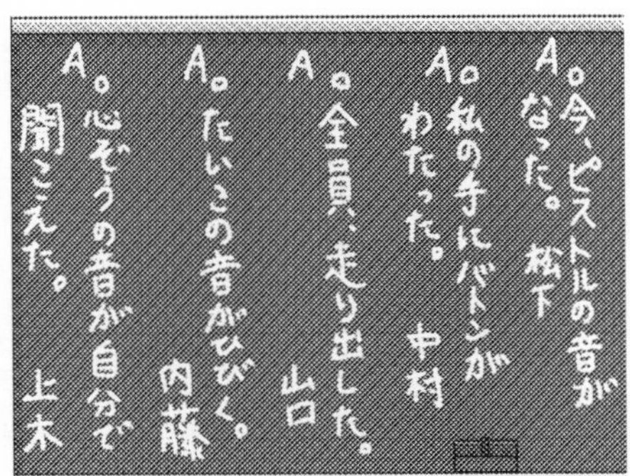

A。今、ピストルの音がなった。松下
A。私の手にバトンがわたった。中村
A。全員、走り出した。山口
A。たいこの音がひびく。内藤
A。心ぞうの音が自分で聞こえた。上木

POINT

「Aの文はどうしてAですか」と考えさせます。「そうですね。作文は一番心に残ったところから書き出します」と話し「もう一度書き直して持ってきます」と指示します。今度はA連発となります。

解説

ステップ3でもステップ1・2と同様に黒板に書かせて個別評定していきます。A評定文の子供が激増し、教室が盛り上がります。

個別評定でAの文が出てこない場合が考えられます。そのようなときは、教師が以下のように過去のA評定文を例示して比較させます。

「昨年度の村野学級の運動会の作文の書き出しです。Aの文です」

・今、ピストルの音がなった。
・今私の手にバトンがわたった。
・全員、走り出した。

動きのある言葉で書き出すと一層効果的です。

ステップ3の指導後、次のように子供たちに話します。

「Bだった人はもう一度、Aの文を参考に書き直しましょう。Aの人はこの書き出しで○○の作文を書きましょう。国語辞典を机に出した人から原稿用紙を取りに来ます」

国語辞典は作文の際、傍らに置かせるようにします。

No. 10

日記・作文指導

コメントの書き方

実施学年：全学年 ｜ 準備物：赤ペン

ステップ1 

ラブレターのつもりでコメントを書く

POINT

通常の日記指導（生活作文）に対する教師の赤ペン（コメント）は、ラブレターを書くようにします。

したがって、子供の書いたことを批判することはしないようにしましょう。

ステップ2 

その子の名前を入れながら書く

相手を大事に思う気持ちをはじめて知った
です。ぼくも、だれかを思いやったり、大
して生きていこうと思います。
ぼくは、このお話を読んで、二ひきが死ん
しまって、悲しいと思ったけど、二ひきは
国で仲良くくらしているんだと思います。
だから、ねこはもう生き返らないんだと思
ます。

ひろし君がそう考えたことに、先生も

POINT

ラブレターのように書くのですから、子供の名前をコメントに入れて書くようにします。

例えば、「ひろし君がそう考えたことに、先生も賛成です」というようにします。

[国語]

▶▶▶アドバイス

日記（作文）指導には児童理解、作文技術習熟などのねらいがあります。そのねらいに応じて作文のコメントも変えていきます。児童理解にはラブレターのようなコメント、作文技術には明確な個別評定を加えます。

ステップ3

ねらいに応じた個別評定をする

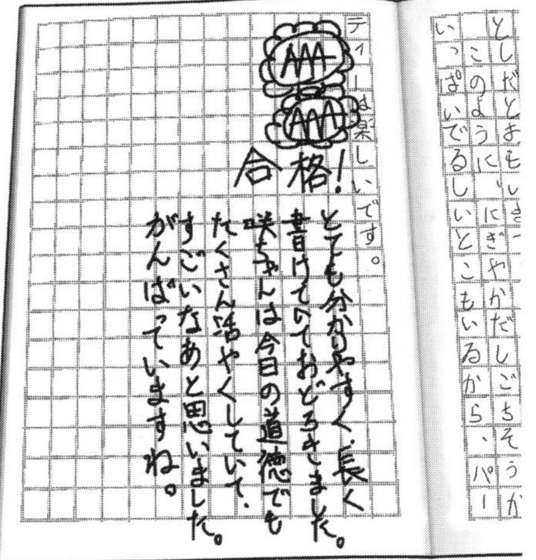

POINT

作文の書き方を指導するための日記指導もあります。例えば、原稿用紙の正しい使い方を習熟させる場合、そのねらいが達成できていれば個別評定していきます。A、B、Cなどの明確な評定をします。

解説

日記の指導には３つの指導ステップがあります。このステップに応じたコメントも考えられます。

①毎日書く
②長く書く
③１つのことを詳しく書く

まずは、毎日書いているかどうかを評価します。たとえ、１行であっても毎日書いていればよしとする段階です。

次に、長く書いているかどうかを評価します。そのためには長く書けるようにする描写の指導を授業で行う必要があります。この指導法は拙著『ピックアップ式作文指導レシピ33』等をご覧ください。

そして、１つのことを詳しく書いているかどうかを評価していきます。１つのことだけで書かせる場合、できるだけ「逆説の接続詞」（しかし、だが、等）を使わせないようにすることも１つの指導法です。

この指導ステップで日記指導を行いつつ、必要な細かい作文技術（表記等）を教え、個別評定しながら進めていきましょう。

No. 11

下書きの指導

実施学年：全学年 ｜ 準備物：付箋

ステップ 1

物語の面白かった場面、感動した場面を鉛筆で数箇所囲む

POINT

物語の面白かったところ、感動したところ、初めて知ったところを鉛筆で囲んだり（教科書の場合）、付箋を貼ったりします。複数選んでおくことがポイントです。物語の主題に関する場面を取り上げると後で楽です。

ステップ 2

１で囲った箇所と似た自分の経験を原稿用紙に書く

POINT

ステップ１で選んだ箇所と似た自分の経験を書きます。これも複数書けるとよいです。「似た経験」とは「同じ主題の経験」と考えます。物語の主題が「努力」なら「自分が努力した経験」を書くのです。

[国語]

▶▶▶アドバイス

読書感想文といえば、物語のあらすじの中に時々自分の感想を書き加える形式が一般的です。ここで紹介した読書感想文は、読書を通して自分について深く考える意見文のような形になっています。

ステップ3 

別の原稿用紙に１と２を比べて考えたことを書く

POINT

１で取り上げた本の場面と２の自分の似た経験を比較して思ったことを書かせます。１と２の組み合わせの中で一番書きやすいものを選択させて書かせます。共通点、相違点に着目して書かせます。

解説

次の例文を最初に示して完成イメージをもたせるとよいでしょう。

ステップ１

浦島太郎は玉手箱を開けてしまいました。すると、煙が出てきておじいさんになってしまいました。

ステップ２

ぼくにはこんな経験があります。友達からもらったプレゼントを開けると中から人形が飛び出しました。びっくり箱だったのです。

ステップ３

浦島太郎もぼくもプレゼントにだまされてしまいました。誰だってプレゼントはうれしいのです。

ぼくは今後もっと注意深い人間になりたいです。

ステップ３の最後に「これから自分はどうしていきたいか」一文程度でまとめさせて読書感想文の完成です（下線の部分）。

ステップ３が少し難しいので、比較しながら主題に関する自分の考え（努力は夢を実現する等）を書かせるのがよいでしょう。

清書の指導

実施学年：全学年 ｜ 準備物：赤ペン、原稿用紙

ステップ1

確定した引用箇所を視写する

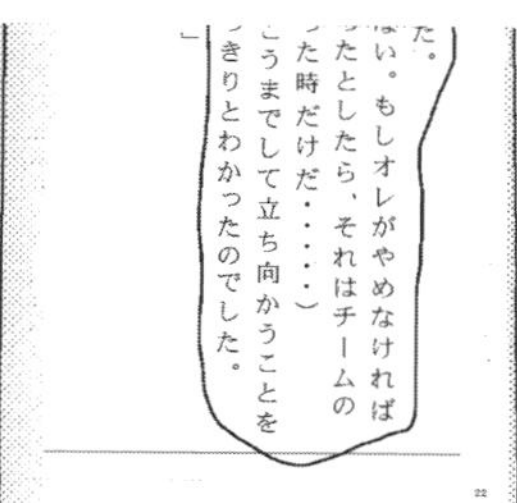

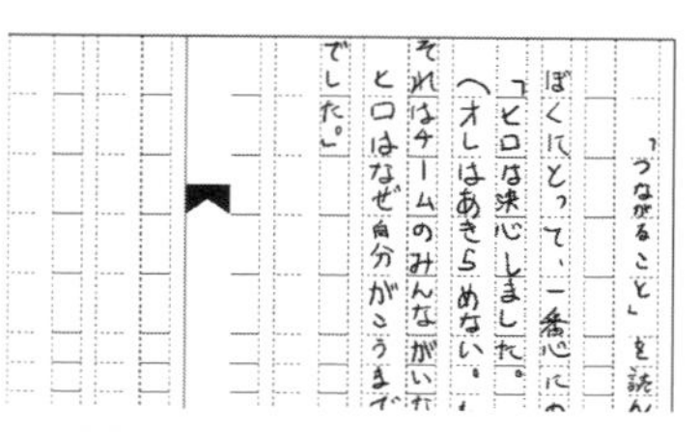

ステップ2

No.11で下書き済みのステップ2とステップ3の文章を書き写す

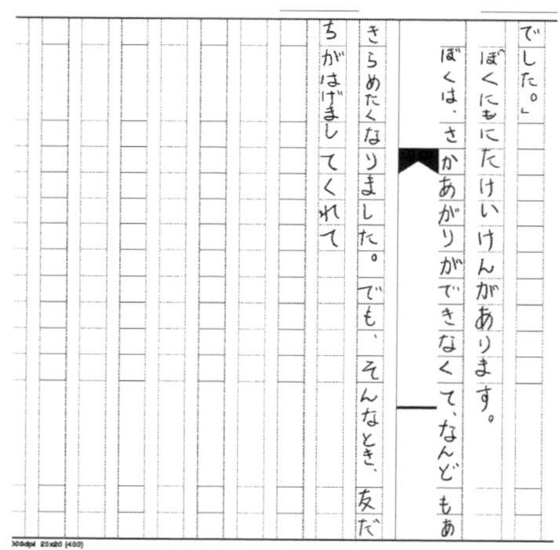

POINT

線で囲んだり、付箋を貼ったりした箇所をそっくりそのまま原稿用紙に視写させます。唐突な感じがするなら「私が感動したのはこの場面である。」などの書き出しに続いて視写してもよいでしょう。

POINT

「似た経験」と「比較して考えたこと」を１の続きに書き写します。原稿用紙を切って貼ってもよいです。それぞれ「私には似た経験がある。」「二人の体験を比べてみた。」等の書き出しを与えてもよいです。

［国語］

▶▶▶アドバイス

全体の分量は１の「感動した箇所」が 200 字程度、２の「似た体験」が 400 字程度、３の「比較して考えたこと」が 200 字程度、最後の「これからの自分」が１～２文程度と考えてください。

ステップ 3 一文程度でまとめの文を書く

POINT

最後に「これから自分はどうしていきたいのか」を一文程度で書かせてまとめとします。主題に関して「自分はどうしていきたいのか」を書かせます。これで読書感想文の体裁が整います。

解説

下書き段階の「面白かったところ・感動したところ」と「似た経験」の組み合わせの中から、「比較して考えたこと」が書きやすそうなものを選ばせるのがコツです。

これを１つの「面白かったところ・感動したところ」だけにすると「似た経験」が見つからないことがありますし、「似た経験」が１つだと「比較して考えたこと」が書きにくくて困ることがあります。

そのために１と２については複数の組み合わせを書かせる必要があるのです。

この準備さえできていれば、あとはスムーズに書き進めることができるでしょう。

完成した読書感想文を子供にもう一度最初から読ませ、つながりがおかしいところなどがないか確認させます。友達にも読んでもらいます。このような作業を通してから提出させると教師の訂正が少なくて済みます。

コンクールにも挑戦しましょう。

No. 13

要約指導の基本

実施学年：２年生以上 ｜ 準備物：特になし

ステップ 1

１段落文を 20 字以内でまとめる

おくびょうな豆太
豆太は昼はいばり夜はおくびょうになる
あきらめてばかりのまめた。 雪村
夜、一人でトイレに行けない。 中村
夜になると豆太はじさまに甘えるよう

ステップ 2

黒板に書かせて個別評定する

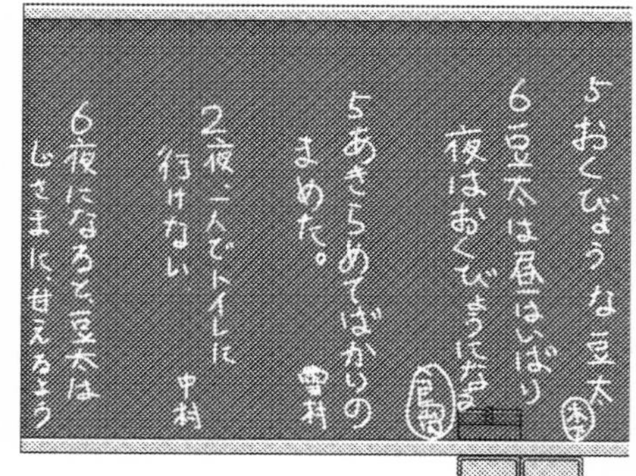

POINT

まず、「この段落を 20 字以内にまとめます。句読点も字数に入れます」と説明し、要約文を書かせます。最初は、比較的短い段落で行うとよいでしょう。この段階では、ほとんどの子の要約文はバラバラです。

POINT

書けた子からノートを教師のところに持ってこさせ、全員黒板に書かせます。教師が 10 点満点で黒板に評定を書き込んでいきます。評価の観点は「解説」に示しました。最後に評価の観点を子供に示します。

[国語]

▶▶▶アドバイス

説明文の段落を要約させる指導法です。20 字以内にまとめさせます。ほとんどの子供の要約文がそっくりな要約文になります。ポイントは教師の明確な個別評定です。個別評定によって子供の要約文が激変します。

ステップ3

再度 20 字以内にまとめる

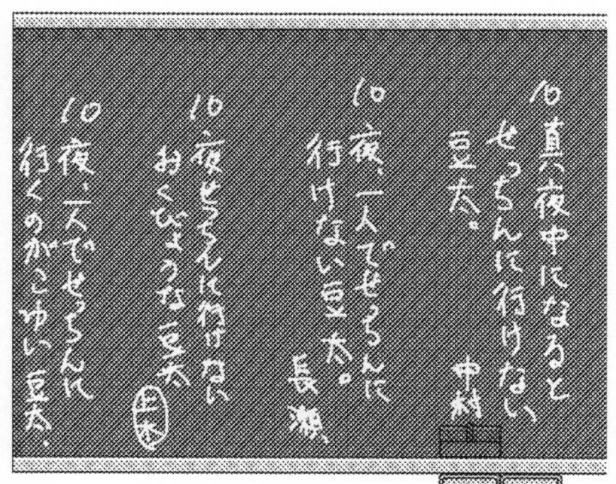

POINT

ステップ２の評価の観点（解説参照）で「もう一度、20 字以内でまとめ直します」と話し、書かせ、黒板に書かせます。全員の要約文がほぼ一致し、全員が満点を獲得するなど、激変します。

解説

ステップ２の評価の観点は、例えば以下のようになります。

・第１キーワードがある。４点
・第２キーワードがある。３点
・第３キーワードがある。２点
・第１キーワードで名詞止めしている。１点

黒板の要約文に教師がサイドラインを引くなどして、上記の評価の観点を子供に示していきます。

評価の観点を理解した子供たちは、ステップ３でほぼ同様の要約文を書くことができます。

劇的な変化に子供たちもびっくりします。

なお、桃太郎の話を使って要約指導を行うとスムーズにできます。

キーワードは
①桃太郎
②鬼退治
③犬、さる、きじ
となり、要約文は、
「犬、さる、きじと共に鬼退治をした桃太郎。」（20字）
のようになります。

No. 14

説明文指導

問いの文を見つける指導

実施学年：２年生以上 ｜ 準備物：特になし

ステップ1 問いかけの段落を探す

いきものの名前

原田 誠一

① いきものには、それぞれ名前がついています。その名前はどういう理由でつけられたのでしょうか。

2 テントウムシは小さくて丸く、つやがあり、とてもきれいな色をしていますね。また、テントウムシは太陽に向かって飛んでいくというとくちょうがあります。では、テントウムシの「テントウ」とは何のことか知っていますか。

3 テントウは漢字では「天道」と書き、太陽や、太陽の神様のことを言います。よく太陽のことを「おてんとうさま」と言うでしょう？

4 このようなことからテントウムシという名前がついたのです。

14

POINT

まずは、「問いかけの段落は何段落ですか」と発問し、問いの段落を探させます。

初めての場合には、「問いかけの段落」とは「読者に質問している段落」と教えてもよいでしょう。

ステップ2 問いかけの一文を探す

いきものの名前

原田 誠一

① いきものには、それぞれ名前がついています。その名前はどういう理由でつけられたのでしょうか。

2 テントウムシは小さくて丸く、つやがあり、とてもきれいな色をしていますね。また、テントウムシは太陽に向かって飛んでいくというとくちょうがあります。では、テントウムシの「テントウ」とは何のことか知っていますか。

3 テントウは漢字では「天道」と書き、太陽や、太陽の神様のことを言います。よく太陽のことを「おてんとうさま」と言うでしょう？

4 このようなことからテントウムシという名前がついたのです。

14

POINT

問いかけの段落が確定したら、「この段落の中の問いかけの一文はどれですか」と発問し、問いかけの文を探させます。説明文によっては問いかけの文が省略されていることもあります。

[国語]

▶▶▶アドバイス

説明文の全体構造の骨格を理解させるための指導です。説明文は「問い」と「答え」から構成されていますので、「問い」と「答え」の関係を見つけることで全体構造の骨格をつかむことができるのです。

ステップ3 

問いかけの一文字を探す

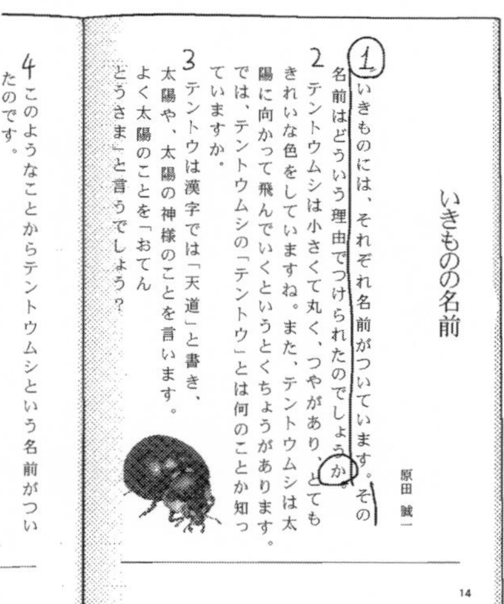

いきものの名前

原田　誠一

1 いきものには、それぞれ名前がついています。その名前はどういう理由でつけられたのでしょうか。

2 テントウムシは小さくて丸く、つやがあり、とてもきれいな色をしていますね。また、テントウムシは太陽に向かって飛んでいくというとくちょうがあります。では、テントウムシの「テントウ」とは何のことか知っていますか。

3 テントウは漢字では「天道」と書き、太陽や、太陽の神様のことを言います。よく太陽のことを「おてんとうさま」と言うでしょう？

4 このようなことからテントウムシという名前がついたのです。

14

POINT

最後に「問いかけの一文字はどれですか」と発問し、「～でしょうか。」の「か」を探させます。ただし、問いかけの文から「か」が省略されていることがあります。その場合は書き足しさせます。

解説

教科書の説明文の中には「問い」が省略されている場合があります。

また、問いかけの文があっても、問いかけの一文字が省略されている場合があります。

いずれの場合も、「ないもの」を補う授業を行います。問いのない説明文の場合は、「この説明文が伝えたい一文はどれですか」と、答えの文を先に探させます。

その上で、「答えの一文に合う問いかけの文を考えて書きます」と指示して、省略された問いの文を書かせる展開があります。

参考までに、教科書の説明文は大きく３つの種類があります。

①情報型

未知の情報を説明的に述べる説明文。

②実証型

実験や観察などを通して述べる説明文。

③主張型

明確な主張を含んでいる説明文（論説文ともいう）。

答えの文を見つける指導

実施学年：２年生以上 ｜ 準備物：特になし

ステップ 1

問いかけに対する答えの段落を探す

18 このような理由からアルマジロと呼ばれるようになりました。
19 いかがでしたか。どの生き物も見た目の特ちょうや、人間からの役割を表す名前をつけられたようですね。このように、身近にあるものでも名前の理由をさぐると興味ぶかい発見が多いと思います。みなさんも、ぜひしらべてみてくださいね。

14

POINT

問いかけの文が確定したら、「問いかけの文に対する答えの段落は何段落か見つけます」と指示して見つけさせます。通常は最後の段落にあることが多いので、そのことを教えてもよいでしょう。

ステップ 2

段落の中から答えの一文を探す

18 このような理由からアルマジロと呼ばれるようになりました。
19 いかがでしたか。どの生き物も見た目の特ちょうや、人間からの役割を表す名前をつけられたようですね。このように、身近にあるものでも名前の理由をさぐると興味ぶかい発見が多いと思います。みなさんも、ぜひしらべてみてくださいね。

14

POINT

答えの段落が確定したら、「この段落の中の答えの一文を見つけます」と指示して探させます。

問いかけの文と答えの文が説明文の全体構造の骨格ということになります。

［国語］

▶▶▶アドバイス

説明文の問いかけの文が確定したら、それに正対する答えの段落、答えの文を見つけさせます。問いかけの文と答えの文が確定したら２つの文を続けて読ませ、つながりが正対しているか確かめさせます。

ステップ３ 問いかけの文と答えの文を続けて読む

その名前はどういう理由で
つけられたのでしょうか。
どの生き物も見た目の特ち
ょうや、人間からの役割を表
す名前をつけられたようです
ね。

POINT

問いかけの文と答えの文が正対しているかどうか検討します。「問いかけの文と答えの文を続けて読みます」と指示して読ませます。違和感がなければ正対したといえます。

解説

問いかけの文と答えの文が見抜ければ、説明文の骨格を理解することができます。

ステップ３で問いかけの文と答えの文を続けて読んでみたときに、つながりが悪いなと感じることがあります。

そのようなときは、文をどう修正したら正対するのかを検討させるようにします。

例えば、文中に代名詞が使われていたら、その前の文の言葉を代入して問いと答えが正対するように考えさせます。

初めて説明文の問いかけと答えの正対を授業する場合は、できるだけ短くて、２つの文の関係が分かりやすい文章で行うとよいでしょう。

今の教科書を見ると、まず見開き２ページの短い説明文があり、次に長い説明文が登場する組み立てのものがあります。

まずは、短い説明文で「問い」と「答え」を探す練習をし、長い説明文に取り組むようにしましょう。

No. 16

主題の指導

実施学年：３年生以上 ｜ 準備物：特になし

ステップ1

主題の定義を教える

主題
物語が読み手に伝えよう
としていること

POINT

「主題」とは「物語が読み手に伝えようとしていること」と教えます。「作者が読み手に伝えようとしていること」と教えてしまうと、作者に聞かなくては分からなくなってしまいます。

ステップ2

主題は物語に「明示」されないことを教える

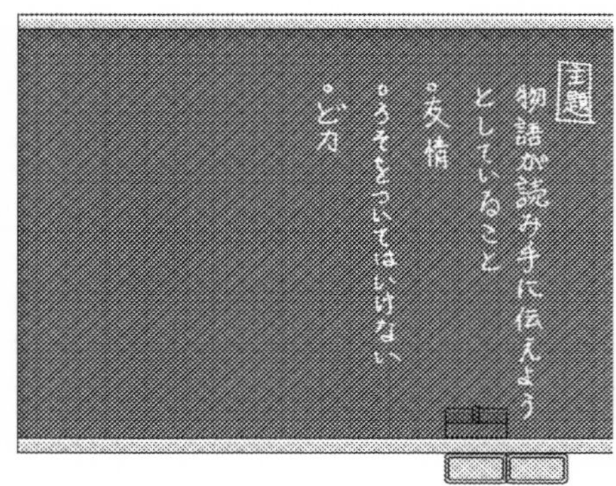

POINT

通常、主題は物語の中ではっきりと文字として書かれないことを教えます。したがって「主題文は作中に使用されていない言葉で表す」ことを伝えます。「物語の裏の意味、隠された意味」とも教えます。

[国語]

▶▶▶アドバイス

主題を作者が伝えようとしたこととする「作者論」とは切り離し、物語が読み手に伝えようとしたことにします。主題とは実は、読み手が解釈したことなのです。主題の概念を教え、具体例で理解させます。

ステップ3 短いお話で「主題」の概念を明確にする

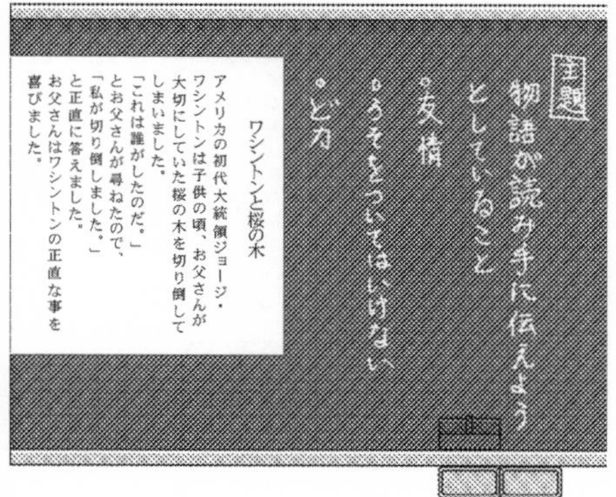

POINT

「ワシントンの桜の木」の話を語り「この話は木を勝手に切ってはいけないことを読み手に伝えたいのですか」と子供たちに問います。そうではなく「正直は大切」という主題だと理解させます。

解説

ステップ３までの指導によって主題の概念を子供が理解したら、「では、この物語の主題は何でしょう」と今学習中の物語の主題を考えさせます。

難しい学習ですので、書けた子からノートを持ってこさせます。初めはステップ２の「物語に使われていない言葉で主題文を書く」ができない子が結構います。

「何度も持ってきます」

と子供に伝え、繰り返しているうちに、主題らしき文を持ってくる子が出てきます。そんな子を褒め、

「黒板に書いてください」

と指示します。

これが書けない子の例示になり、だんだん多くの子が主題文らしい文を書いて持ってきます。

主題文は基本的に一文で表すようにするとよいでしょう。

例えば「ごんぎつね」の主題は、「つぐないは悲しいものだ」「人と動物は分かり合えるものだ」などが考えられます。

No.
17

物語文指導

クライマックスの指導

実施学年：３年生以上 ｜ 準備物：特になし

ステップ1 クライマックスの定義を教える

POINT

物語におけるクライマックスの定義を「今まで同じだった、ずっとそのままで変わらなかったことが変化する場面」とします。「主人公の気持ちや行動がガラッと大きく変化する場面」ともいえます。

ステップ2 クライマックスの一文を探す

> 大好きなパパとママのことを考えたとたん、モナは大事なことに気がついたのです。
> 「鏡の魔女が言ったわ。鏡の魔女が、もし死んでしまうようなことがあったら、世界は暗闇になり、すべてが終ってしまうと・・・。鏡の向こうにいるすべての世界が終わってしまったら、もうパパやママやリサだって、学校のみんなだって、みんな死んでしまうんだわ、魔女は、それを救えるのは私だけだと言っていた。私が戦わなかったら、私の愛する人たちはだれも助からない！世界中の人たち、私の愛する人たちがみんな死んでしまうんだわ。それだけはどんなことがあってもいや。絶対にいやよ」
> モナは決心しました。
> （私は最後まであきらめない。もし私が命を落とさなければならないことがあったとしたら、それは愛する人を救うときだけだ・・・・）
>
> 30

POINT

クライマックスの定義を教えたら、「どの文から（主人公の）変化が起きましたか。クライマックスの一文に線を引きます」と言って、クライマックスの一文を探させます。

[国語]

▶▶▶アドバイス

物語には「クライマックス」の場面が設定されています。それがどこなのか、クライマックスの定義を教え、最も大きく変化する一文を指摘させる授業を行います。意見が分かれたら討論していきます。

ステップ3

どの一文の変化が最も大きな変化なのか検討する

POINT

子供が探した「クライマックスの一文」が複数出てきた場合には「どの文の変化が最も大きいか」ということを基準に、よりよい一文を検討していくことになります。

解説

ステップ3で「クライマックスの一文」が複数出てきた場合、討論の授業になっていきます。

まずは、それぞれの一文を指摘した理由をノートに書かせます。

どの一文を指摘したのか挙手させ、人数分布を確認します。

その後、少ない立場から発表させていきます。

全ての立場と理由を聞かせた上で最終的な立場を決めさせます。

立場が２つの場合には「ＡかＢか」の話し合いによる討論になります。しかし、出てきた一文が複数の場合は「この中で最もおかしいなと思うものを選びます」と指示して、最も意見が多かった立場について取り上げて討論させます。

つまり、「指摘の多かった立場VSその他の立場」による討論です。

このように討論は二者択一で行った方が盛り上がることはよく知られています。結論が出ない場合には教師の解を伝えるかオープンエンドにします。

指名なし音読

実施学年：全学年 ｜ 準備物：特になし

ステップ1 

短い詩で指名なし音読を行う

POINT

指名なし音読は「自分から立って」「一文ずつ音読」していく音読方法です。１人が立って音読し、その間に次の人は立って待っています。たくさん立ってしまったときは譲るように指導をします。

ステップ2

教科書の物語教材で指名なし音読を行う

鏡をのぞきこむと、その中でリサが紅茶を飲んでいました。
「モナは何をしているのかな」
モナの目からこらえていた涙があふれました。
みんなは、モナを見つめました。
「みんな、ありがとう。」

POINT

最初は短い詩で練習させ、少し上達してきたら教科書の短めの物語を使って指名なし音読をさせます。「先生が目を閉じて聞いていて、まるで１人の子が読んでいるようにつながれば合格」と教えます。

[国語]

▶▶▶アドバイス

「指名なし音読」は「指名なし発表」、そして「指名なし討論」と続くステップの一つです。「自分から立てる」「間合いをとれる」など指名なし討論の基礎部分を鍛えるステップです。

ステップ3 

途中で間が空いたら最初に戻る指名なし音読をする

POINT

ある程度、指名なし音読ができるようになったら、「途中、間が空いたら最初からやり直し」「声が小さかったら最初からやり直し」等のルールを設定し、楽しみながら指名なし音読の練習をします。

解説

最初は、一斉にたくさんの子が立ってしまってお互いに譲れない場面が多発します。

そのときは、

「必ず全員が音読できますから譲ってください」

と子供たちに伝えます。

それでも譲れない場合には、

「立っている子、全員座ります」

と全員座らせ、他の子を立たせるようにします。

他にも、

「立ったらすぐに音読を始めます」

などと指示をすることも有効です。

お互いが見えないと間合いがとれないので、机を教室の中央に向けたり、内側に向けたりして全員の顔が見えるようにして行うようにするとよいでしょう。

指名なし音読ができるようになったら、指名なし発表というように段階を決めるのではなく、両方を取り混ぜて行った方が習熟は早いです。すぐにできるようにはならないので継続的に行いましょう。

No. 19

話し合い指導

グループ討論

実施学年：２年生以上 ｜ 準備物：特になし

ステップ1 

意見別に自分の主張の要約を黒板に書き、発表する

戦国武将を代表する人物としてふさわしいか

徳川家康

江戸幕府をひらいたから

太平の世を築いた戦国の最終勝利者だから

織田信長

鉄砲を始めて使ったから

室町幕府をほろぼしたから

天下統一の一歩をふみ出したから

楽市楽座などのしくみをよくしたから

四千の兵で二万五千もの兵に勝ったから

秀吉

戦国一の出世人だから

天下統一をなしとげたから

ステップ2 

主張が異なるメンバーでグループを編成する

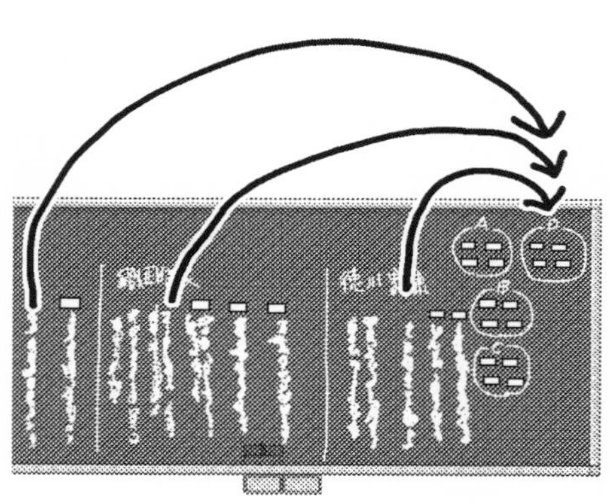

POINT

国語でも社会でも討論のときには黒板を意見別に区切り、そこにネームプレートを貼らせ、自分の意見の要約文を書かせます。こうした上で全ての意見を発表させます。これで学級の意見全てを共有させます。

POINT

黒板上の異なる意見をもつ子供同士でグループを編成します。教師がネームプレートを動かして必要な数のグループを編成するのです。その際、グループの人間関係も配慮しながら瞬時に組織します。

[国語]

▶▶▶アドバイス

討論の授業を学級全体で行うとどうしても1時間中、発言のない子供が出てしまいます。これでは話し合う力が実践的に育ちません。そこで、グループ討論をすることで全員に話し合う力を付けようとするものです。

ステップ3 グループ内で討論する方法を教える

POINT

グループ討論の手順です。

①それぞれの立場の意見を発表させる。

②メモを取りながら聞かせる。

③意見発表したら反対意見を出させる。

解説

グループ討論により、多くの子が話し合いを体験できるようになります。同時多発で話し合いが進むので教師が話し合いの内容を全て把握するのが難しくなる面もありますが、子供に多くの話し合いの体験を積ませることができます。

子供に多くの話し合いを体験させる方法は他にもいくつかあります。例えば、ステップ1の黒板を見せて、

「今から自分と意見の異なる友達と意見交流します」

と指示して、教室を巡らせる方法です。こうすることで、ペアによる話し合いが教室中で始まります。この場合も、お互いの意見を発表し合い、その後、反対意見を出すようにさせます。

また、交流する人数を「3人」などと指定して交流させる方法もあります。

グループ討論の後で全体討論を仕組むと、より一層、盛り上がります。

No. 20

話し合い指導

指名なし討論

実施学年：２年生以上 ｜ 準備物：特になし

ステップ 1 

指名なし音読や指名なし発表を毎日繰り返す

ステップ 2 

友達の意見や考えに質問したり、答えたりする時間をとる

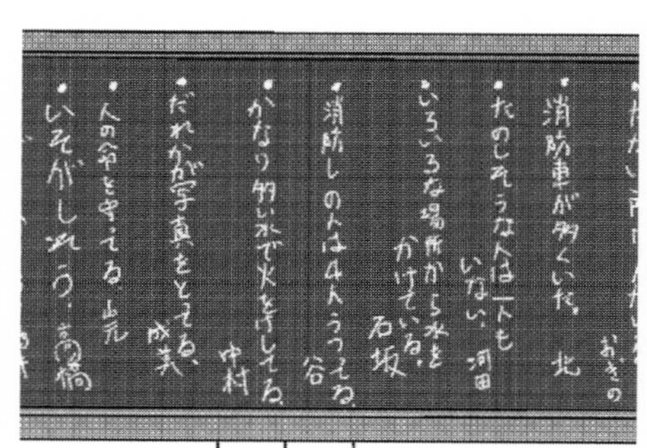

POINT

No.18「指名なし音読」に加えて「指名なし発表」も十分に体験させます。１日に全員の指名なし発表を５～６回は行い、自分から立って発表することが当たり前の学級をつくっておきましょう。

POINT

友達の意見や考えに質問したり、答えたりする時間をとります。この形の授業を国語や社会、道徳などで毎日のように行い、「言葉のキャッチボール」ができるようにしておきましょう。

[国語]

▶▶▶アドバイス

指名なし討論は話し合いの基礎となる、指名なし音読、指名なし発表、集合知の授業を十分に行っておくことが必要です。このような基礎体験を十分に行いつつ、指名なし討論を行うことが成功への第一歩です。

ステップ3 

指名なし討論に挑戦する

POINT

指名なし討論では、子供たちが自分たちだけで話し合いを進めていくためのスキル（討論で使う言葉）が必要になります。教師が討論に介入し、「ここでは～といいます」と具体的に教えていきます。

解説

「討論で使う言葉」の例です。

1　反対意見の言葉

①まずは全体に反論

「～の意見の人に反対です。～ではないのですか？」

②次に個人へ反論

「～さん、意見を言ってください」

③さらにその他の人に反論

「他の～の意見の人は意見を言ってください」

2　反論から逃げるときの言葉

「少し考えさせてください」

「～の人、助けてください」

「代わりに誰か答えてください」

こう言って、座ることを教える。

3　討論が停滞したときの言葉

「話題を変えていいですか」

「この話題はもう終わりでいいと思います」

「話がずれています。もとに戻します」

4　話題を広げるときの言葉

「～さんに付け足します」

関連情報を他の子が付け足していく。

5　周りに発言を促すときの言葉

「まだ意見を言っていない人は立って意見を言ってください」

「～に賛成の人？　反対の人？　～の人は意見を発表してください」

No. 21

指で確認する

実施学年：全学年 ｜ 準備物：特になし

ステップ 1

教師が示した箇所に指を置く

2と3を　あわせると

このことを
しきで　2＋3＝5　とか
2たす3は5　とよみます。

ステップ 2

隣の子が正しく指を置いたか確認する

POINT

教科書のどこを学習しているのか分からなくなってしまう子がいます。時々、教師の確認が必要です。「〜に指を置きます」と指示することで、誰が分かっていて誰が分かっていないのか確認ができます。

POINT

次に、子供が教師の指定した箇所に正しく指を置いたかどうかを隣の席同士で確認させます。「隣の子が正しく指を置いているか確認します。もしも、違っていたら教えてあげます」と指示します。

[算数]

▶▶▶アドバイス

教師が挿絵の見せたい箇所を間違いなく子供たちに見せようとした場合、教科書のどこにそれがあるのか確認させる必要が生じます。教師の「言葉」だけではなく指で押さえるという「作業」を伴わせることで確実な確認ができます。

ステップ3

隣の子が正しく指を置いたか確認したら挙手をする

POINT

さらに「隣の子の指が正しく置かれていた子は手を挙げます」と指示して、正しい箇所に指が置けていたかどうか確認します。手が挙がらない子がいたら、その隣の子は、まだできていないのです。

解説

子供が教師の指示通り作業ができているかどうかを時々確認することは極めて大切な行為です。

しばしば教師は、子供たちの学習の進行が順調に進んでいると信じて進めていることがあります。

ところが、意外にもどこを学習しているのか「迷子」になっている子供がいるのです。

算数の授業では、小さな学習活動が細かく積み重なって学習内容の理解に結び付くので、教師が確認を怠ると理解できていない子供を生み出してしまうことがあります。

指を使って３つのステップで確認させるのですが、簡単なようで徹底させることはなかなか難しいものです。

隣の子の作業を見ずに挙手したり、見ようとしない子がいたりするからです。かなりのトレーニングが必要になります。

授業の中で繰り返し確認作業を行って子供にマスターさせましょう。

No. 22

例題の挿絵指導

数を記入する

実施学年：全学年 ｜ 準備物：特になし

ステップ 

1 数を記入する挿絵の範囲を指で示す（No. 21 参照）

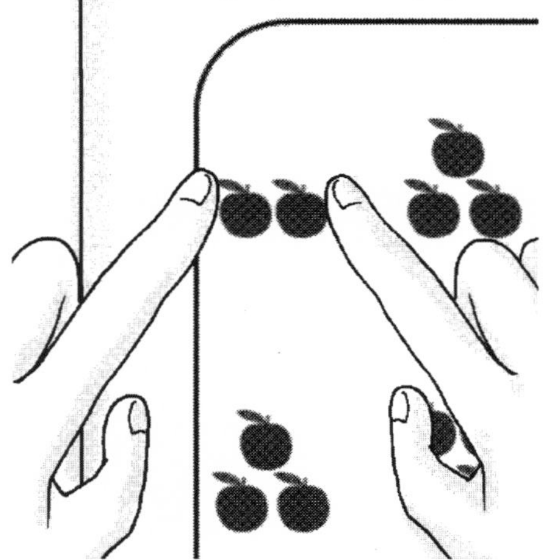

POINT

まずは数を書き込ませたい挿絵の範囲を指で押さえさせたり２本指で挟ませたりして確認させます。指による確認は No.21 のステップで行いましょう。例えば、足し算のリンゴの挿絵を指で確認させます。

ステップ 

2 挿絵の数を数える

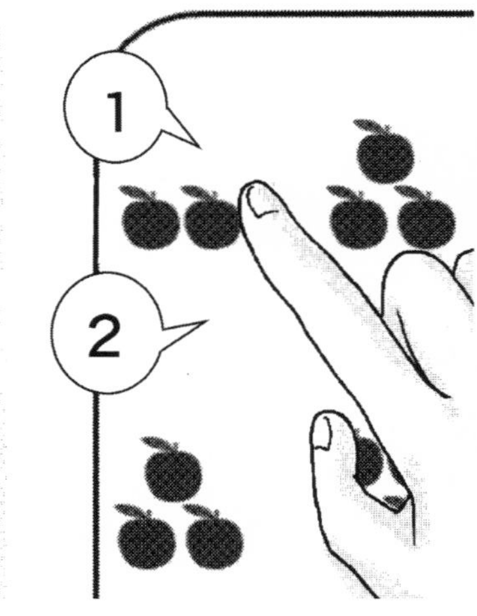

POINT

指で挿絵の範囲を確認したら、今度はその範囲の挿絵の数を数えさせます。「今、指で挟んだところにはリンゴが何個描かれていますか。数えます」などと、作業指示することになります。

[算数]

▶▶▶アドバイス

教科書に掲載されている挿絵を使って計算の意味指導を行う際、子供たちに挿絵の数を数えさせ、数を記入させることで、自然と立式ができるようになります。

ステップ3

挿絵の周辺に数えた数を記入する

POINT

挿絵の数を数えたら、「数えたらいくつありましたか？　そうですね。では挿絵の下にその数を記入します」と言って、挿絵の周辺に数を記入させます。具体物を数字に置き換える作業です。

解説

挿絵に数を記入させる指導は、挿絵の読み取りから立式の間にスモールステップをつくることになります。

挿絵に数を記入することで挿絵を見ながら立式が思いつくようになります。

数を記入する指導は、計算の意味指導と立式指導をつなぐ重要な役割を担っています。

教科書の挿絵の種類によって数を書かせる箇所は変わってきます。

書き込むためのスペースの問題もありますが、時には挿絵の上下ではなく、挿絵の中に書き込ませる方が理解しやすい場合もあるでしょう。

そのため、挿絵の種類によって判断するようにしましょう。

数を記入させる指導の前提として「数を記入させる挿絵の範囲」を指で確認させる指導がありますので、No.21と連動させた指導を心がけてください。

No. 23

赤鉛筆で囲む

実施学年：全学年 ｜ 準備物：特になし

ステップ 1

赤鉛筆で囲ませる挿絵の範囲を指で押さえる

POINT

挿絵のある範囲を教師が指示し、No.21の通り、指を使って押さえたり挟んだりさせます。例えば、２年生の「かけ算」の導入で「６人乗りのジェットコースター」に指を置かせるなどの場面が考えられます。

ステップ 2

指で押さえた範囲を隣同士で確認する

POINT

指示した範囲を指で正しく押さえたり挟んだりしているのか確認させます。隣同士で確認させ、隣の子が正確に教師の指示した範囲を指で押さえているかどうか挙手させます。

[算数]

▶▶▶アドバイス

挿絵のある範囲を赤鉛筆で囲ませることで仲間分けしたり、いくつのかたまりがあるのかを調べたりすることができます。No.21 と No.22 を連動して使うこともできます。

ステップ 3

確認できた挿絵の範囲を赤鉛筆で囲む

POINT

正しい範囲を押さえていることが確認できたら、「その範囲を赤鉛筆でグルっと囲みます」と指示して囲ませます。このように作業を通して考えさせると学習内容が理解しやすくなります。

解説

２年生の「かけ算」の意味指導では同じ数のかたまりを赤鉛筆で囲むことで「○つの～が□つ分」というかけ算の考え方を理解させることができます。

他にも赤鉛筆で囲む指導には様々な活用場面があります。

例えば、「大きな数」単元の導入で活用できます。教科書に見開きでたくさんの棒が散らばっているページがあります。「棒は何本あるのでしょうか」と考えさせる問題です。そこで、棒を 10 本ずつ赤鉛筆で囲ませることで 10 の束を作り、全部の棒の数が分かります。

また、わり算の導入で「色紙が 84 枚あります。１人に 21 枚ずつ分けると何人に配れますか」などの包含除の問題でも活用できます。84 枚の色紙の挿絵を 21 枚ずつ赤鉛筆で囲ませます。

その結果 21 枚のかたまりが４つできるので、４人に分けられることが分かるわけです。このように、挿絵を赤鉛筆で囲ませるだけで答えが分かります。

No. 24

例題のお話指導

何のお話かを問う

実施学年：全学年 ｜ 準備物：特になし

ステップ1

教師が文章問題を範読してから子供が音読する

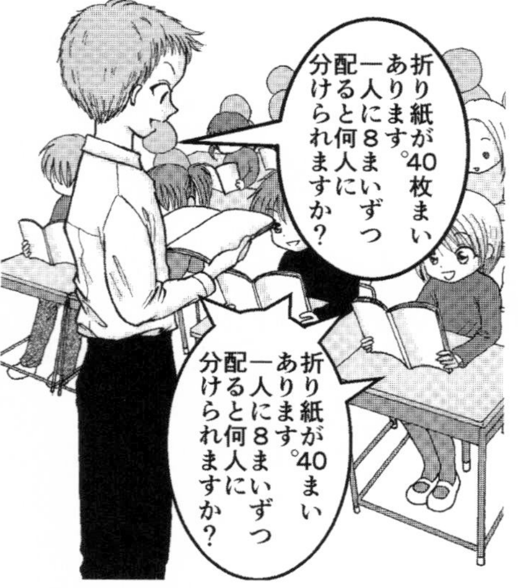

折り紙が40枚まいあります。一人に８まいずつ配ると何人に分けられますか？
折り紙が40まいあります。一人に８まいずつ配ると何人に分けられますか？

ステップ2

「この問題は何のお話ですか」と問う

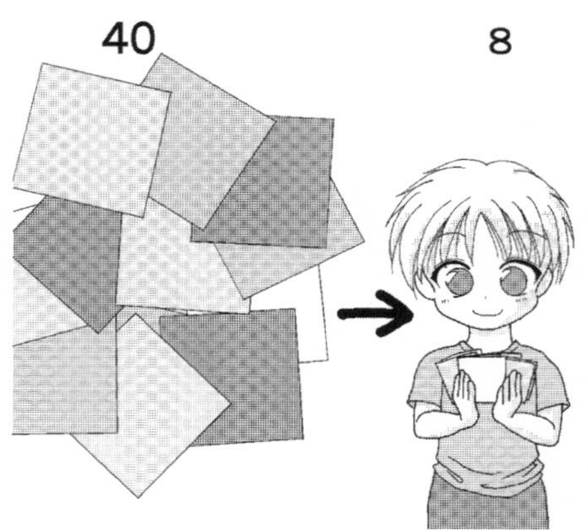

折り紙が40まいあります。一人に８まいずつ配ると、何人に分けられますか？
40
8

POINT

まずは文章問題を教師が読んで聞かせ、次に子供に読ませます。教師が範読するときは重要な言葉や数値はゆっくりと読むようにします。子供の音読では全員の声がそろうように指導をします。

POINT

文章問題全体のイメージをつかませことが大切です。「この問題は何のお話ですか」と問うことで、文章問題全体を要約した答えを考えざるを得なくなります。こうして文章問題の大枠を捉えさせるのです。

[算数]

▶▶▶アドバイス

文章問題を解くためには、文章の話の流れがイメージできなければ解けません。まずは文章問題の全体イメージをつかませ、その上で数と数の関係に気付かせる発問をしていくようにします。

ステップ

3 「次はどうなったのですか」などと発問する

POINT

問題によっては「次にどうなりましたか」「どんなことになりましたか」などと追加の発問をして、問題の細部を捉えさせます。こうすることで数と数の関係を自然に理解させることができます。

解説

文章問題の意味を国語的に理解していない子供は結構いるものです。

このような子供は、数字だけに着目して立式をしてしまいがちです。その結果、応用問題ではつまずいてしまうことがあります。

文章問題のお話を映像として理解させなくてはなりません。そのためのイメージ化が本稿での発問です。

教科書の文章問題の例題にはイラストが描かれているものが多いので、このイラストも見せながら、文章問題全体をイメージさせると効果的です。

また、演算決定の根拠となる文章中のキーワードを指摘させることも文章問題理解には重要です。

「この文章問題は何算で解くのですか」と発問した後、「それは文章中のどの言葉で分かるのですか」などと問うのです。

「分ける」「合わせる」「残り」「いくつ分」などの言葉を指摘させるわけです。

No. 25

例題指導

3点セットで書く

実施学年：２年生以上 ｜ 準備物：特になし

ステップ1 文章問題を読み、「式」を書く

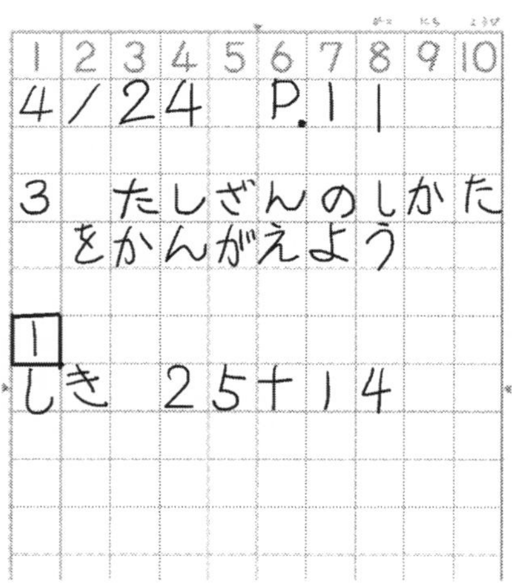

ステップ2 「筆算」をする

4/24 P.11

3 たしざんのしかた
をかんがえよう

1
しき 25+14=39

ひっさん 25
+14
39

POINT

文章問題を読ませてから「式を書きます」と指示してノートに書かせます。最初はノートに「式」と書かせてから立式させるようにします。教師も黒板に書いて、同じように書かせるとよいです。

POINT

次に「式の答えを求める筆算をノートに書きます」と指示して、「筆算」と書かせます。筆算で計算させ、出た答えを式の答えに書かせます。これも教師が板書しながら進めるようにしましょう。

[算数]

▶▶▶アドバイス

文章問題を解く際、「式」「筆算」「答え」で表現します。これを文章問題の「3点セット」といいます。「3点セット」で文章問題を解かせ、丸付けをする際にも、それぞれに赤丸を付けるようにします。

ステップ3 「3点セット」という言葉を教える

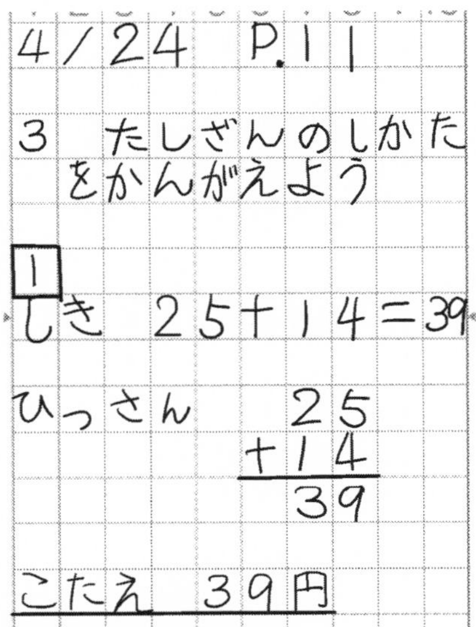

POINT

最後に答えを書かせます。同様に「答え」と書かせてから、数値を書かせます。単位を忘れないように指導しましょう。最後に「式、筆算、答えを文章問題の3点セットといいます」と教えます。

解説

文章問題に限って3点セットで書き表すことを教えましょう。時々、通常の計算練習を3点セットで書こうとする子供がいます。

実際の指導ではマス黒板を準備し、子供にお手本を示しながら教えると、全員同じ場所に同じ書き方をすることができます。

3点セットを意識させるために、最初はノートに「式」「筆算」「答え」と言葉をいちいち書かせてから式や筆算を書かせるようにします。

問題を解いた後、必ず、式、筆算、答えそれぞれに赤丸を付けるようにさせます。

「3点セット」という言葉を教える際、

「3点セットとは、3つそろって1つという意味があります。例えば、文房具でいえば、鉛筆、消しゴム、ミニ定規が3点セットといえます。3つのどれかが1つでもないと授業で困るから3点セットといいます」

と話すと子供たちは理解できます。

No. 26

例題指導

補助計算を書く

実施学年：４年生以上 ｜ 準備物：特になし

ステップ1

わり算の筆算のステップに補助計算を加えてアルゴリズムを覚える

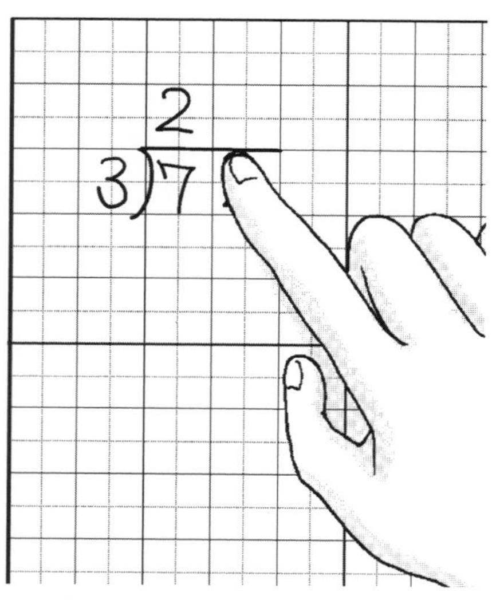

POINT

次のように教えます。

まず、**片指隠し、両指隠し**で「**立てる**」。

次に**補助計算**で「**かける**」。

そして、「**引く**」、「**おろす**」。これを繰り返して最後は「**引く**」。

ステップ2

補助計算は、わり算の筆算の横に大きく書く

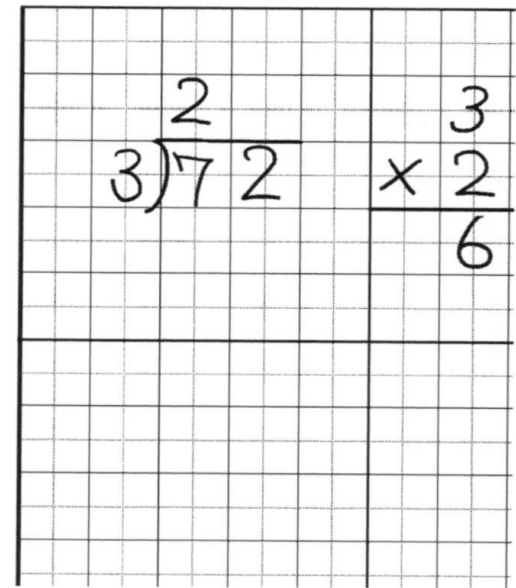

POINT

補助計算は筆算の横のスペースを使って書かせます。通常のかけ算の筆算同様、１マス１マス使って、大きく書かせます。わり算の筆算は「引き算」と「かけ算」ができればできるということも教えましょう。

[算数]

▶▶▶アドバイス

わり算の筆算は「立てる」「かける」「引く」「おろす」の手順で行います。「かける」の段階をわり算の筆算の中で行わせると間違える子がいます。そこで、かけ算を筆算の横に大きく計算させます。これが補助計算です。

ステップ

3 補助計算で求めた答えを筆算に「うつす」ことを教える

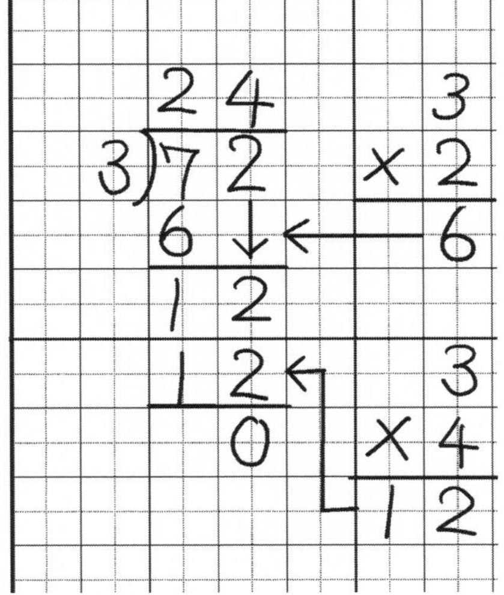

POINT

補助計算で出た答えをわり算の筆算の中に「うつす」というように教えます。初期は面倒でも補助計算の答えを矢印でわり算の筆算まで引っ張って写すようにさせると確実です。

解説

補助計算をすることで、かけ算の計算ミスが激減します。算数の苦手な子は、わり算の筆算の中でかけ算の答えを導くことが難しい場合があります。そのような場合に補助計算は非常に効果的な方法です。

補助計算をする分、時間は余計にかかりますが、1問1問、確実に問題を解いていくことも重要です。

算数の得意な子の中には補助計算を面倒くさがる子もいます。時には保護者の中にも補助計算不要論を説く方もいます。

そのようなときには、「今は筆算の手順を確実に覚えることに取り組んでいます。中には補助計算しなくても暗算で答えが出せる子もいるでしょう。でも、人間だから間違えることが誰にでもあります。今は筆算の手順を確実に覚えるためのお勉強ですから、慎重で確実な補助計算の方法で行います。もちろん、慣れてきたら補助計算を必要としなくなるでしょう。でも今は続けていきます」などと話します。

No. 27

例題指導

さくらんぼ計算を書く

実施学年：１年生 ｜ 準備物：特になし

ステップ1

足したら 10 を超えるか確かめさせ、足す数の下にさくらんぼを書く

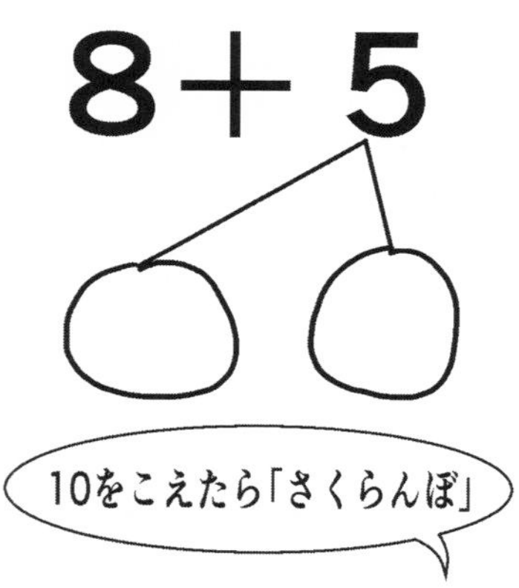

ステップ2

足される数の下の○に書き込み、もう１つの○にも数を書く

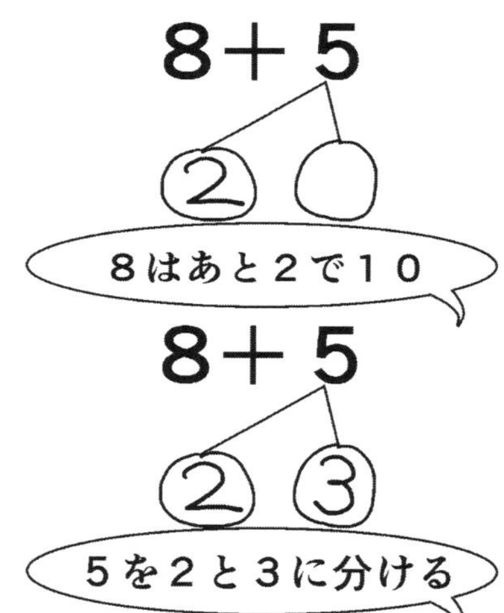

POINT

さくらんぼの左側の○が、足される数の真下にくるように書かせるのがコツです。右側の○は、足す数の真下に書かせます。○を２つ書かせたら、さくらんぼの棒を２本書かせます。

POINT

上の計算でいうと、８はあと２で 10 になるので、８の下の○に２を書き込ませます。さらに、５は２と「３」に分解できますので、５の下の○に３を書き込ませます。あとは計算していくだけです。

[算数]

▶▶▶アドバイス

繰り上がりのある足し算と繰り下がりのある引き算は「さくらんぼ計算」で解かせます。さくらんぼ計算のアルゴリズムを身に付けさせるために一つ一つの手順を短い言葉を言わせながら計算させます。

ステップ3 さくらんぼ計算をする

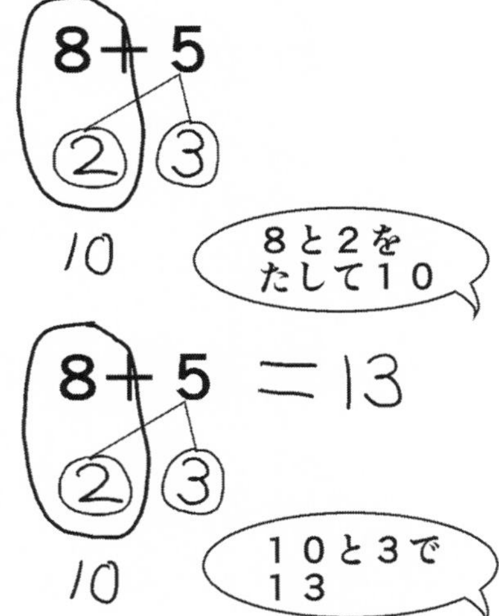

POINT

8と2を縦にグルッと囲ませます。8と2を足して10になります。10と書いておきます。なるべく頭の中に数を溜め込まずに数を書いておくことが重要です。10と3を足して13です。

解説

繰り下がりのある引き算の「さくらんぼ計算」は2通りあります。

減加法と減減法です。

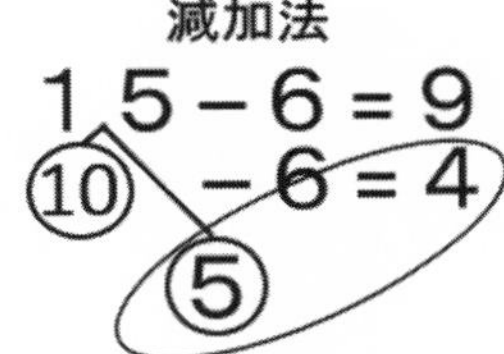

「15－6の計算」
「5から6は引けない」
「15を10と5に分ける」
「10から6を引いて4」
「5と4で9」

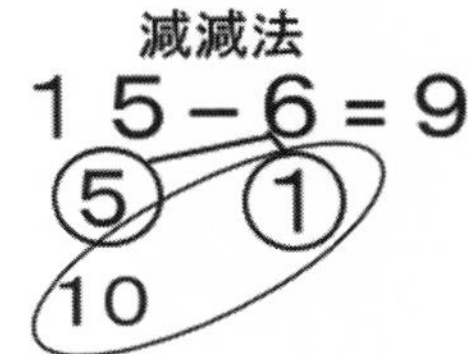

「15－6の計算」
「5から6は引けない」
「6を5と1に分ける」
「15から5を引いて10」
「10から1を引いて9」

No. 28

例題指導

定義を確認する

実施学年：２年生以上 ｜ 準備物：特になし

ステップ 1

定義を教えた直後、何の定義かを問う

三角形は３つの直線でかこまれた形
三角形は３つの直線でかこまれた形

POINT

例えば、三角形の定義は「３つの直線で囲まれた形」です。教科書の定義を教師が読み、子供にも読ませた後で「３つの直線で囲まれた形を何といいますか」と問います。子供は「三角形」と答えます。

ステップ 2

定義を問う

三角形とはどんな形ですか？
３つの直線でかこまれた形です！

POINT

次に、逆の問い方をします。「三角形とはどんな形ですか」と問うのです。子供が「３つの直線で囲まれた形」と答えれば合格です。この後、全員立たせて定義の言えた子から座る活動も考えられます。

[算数]

▶▶▶アドバイス

子供たちが定義を覚えるステップです。まずは何の定義なのかを問い、次にその定義は何かを問います。そして最後に定義に当てはまるものを身近から探す活動をします。これで定義を覚えることができます。

ステップ 3 身近な具体物を問う

POINT

さらに、三角形の定義に当てはまる形を身のまわりから探す活動をします。教室の中で三角形の具体物を探すのです。

これで三角形の概念を理解することができます。

解説

ここに述べた定義の指導は様々な定義の場面で使えます。

さらに定義を明確にするために、ゆさぶりをかける授業展開も考えられます。

例えば、四角形の定義（４本の直線で囲まれた形）の学習後、次の図形を提示します。

そして、

「これは四角形ですか」

と問うのです。

子供たちの意見は分かれます。

「この図形も４本の直線で囲まれているから四角形です」

「こんな四角形は見たことがありません。先が尖っているので三角形です」

このような意見が出て盛り上がります。

No. 29

例題指導

指で隠す

実施学年：３年生以上 ｜ 準備物：画用紙で作った指（2つ）

ステップ 1

わり算の筆算指導で、わられる数を指で隠す

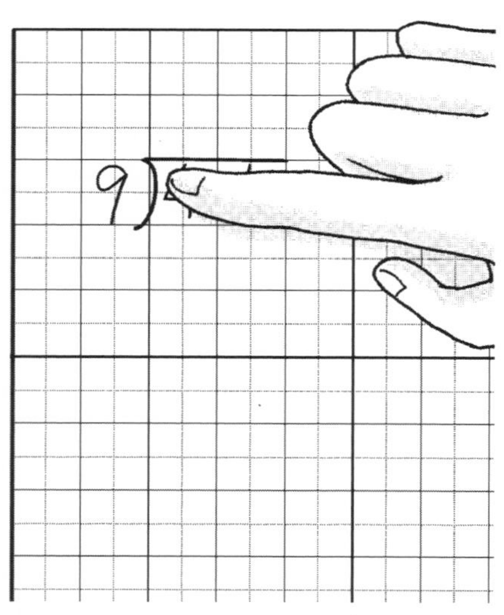

POINT

筆算式の「わられる数」を指で隠してしまいます。ここからどの位に商が立つのか調べていきます。

なお、画用紙で「指」を作り、磁石を裏につけておけば、黒板で説明する際に使えて便利です。

ステップ 2

隠した指をずらして、商の立つ位置を調べる

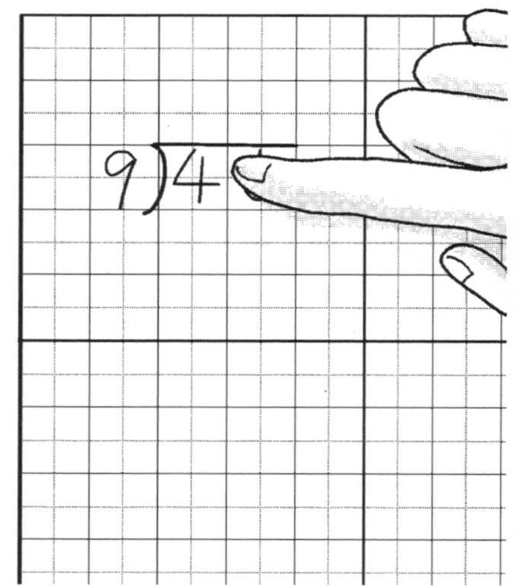

POINT

隠した指を右にずらし１つの数を示します。この数に「わる数」が入ればこの位に商が立ちます。もし入らなければ指をずらし２桁の数にします。２桁の数に入ればこの位に商が立ちます。

[算数]

▶▶▶アドバイス

教科書で授業を進める際、情報が多すぎる場合、指で情報の一部を隠して分かりやすくします。例えば、わり算の指導で商を立てる位置を調べるための「片指隠し」、仮商を立てるための「両指隠し」は有名です。

ステップ 3

わり算の筆算指導でわられる数とわる数を両指で隠して、仮商を立てる

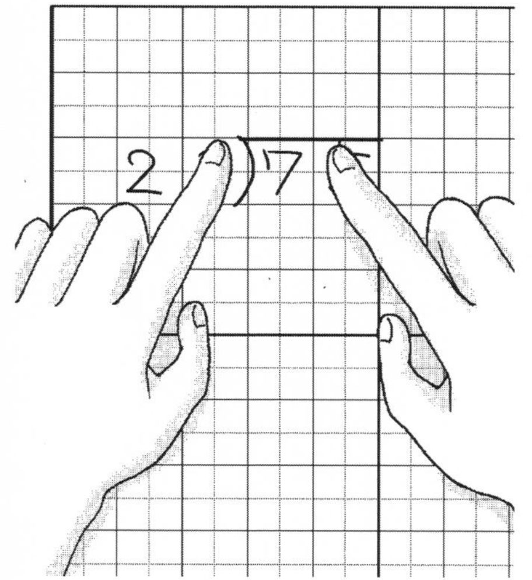

POINT

「わられる数」と「わる数」の一の位を指で同時に隠します。そうするとイラストでは「7÷2」となり、3が仮商として立ちます。3を立てて計算してみると、この場合はうまくいきます。

解説

指で隠す技術は他にも様々な場面で使用可能です。

例えば、分数の学習で、1Lを3等分すると$\frac{1}{3}$Lになることを確認した後、2Lを3等分すると何Lになるのか考えさせる場面です。

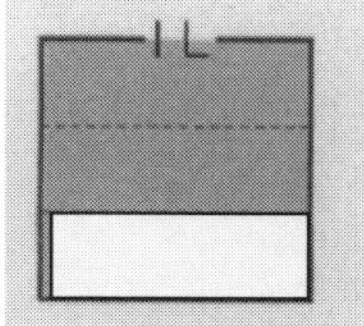

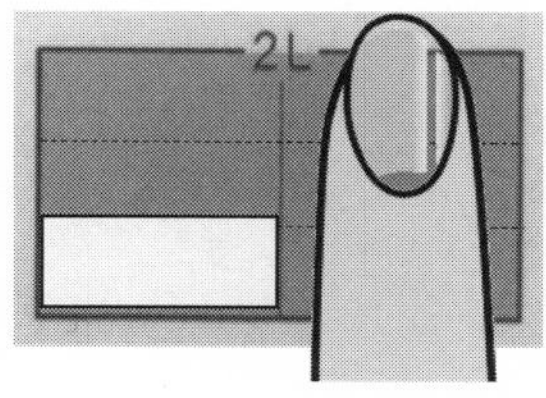

2Lの右側を図のように指で隠させることで、先ほど1Lを3等分した図と同じ図が目の前に出現します。

2Lの3等分が$\frac{1}{3}$の2つ分であることが視覚的に捉えられます。

No. 30

例題指導

一目で分かる図を描く

実施学年：２年生以上 ｜ 準備物：特になし

ステップ 1

立式する

POINT

「４Ｌの飲み物を３人で等しく分けます。１人分は何Ｌになりますか」という問題なら、４÷３が立式されます。演算決定の根拠を文章の中から探させます。「等しく分ける」だからわり算となります。

ステップ 2

式の意味が一目で分かる図を描く

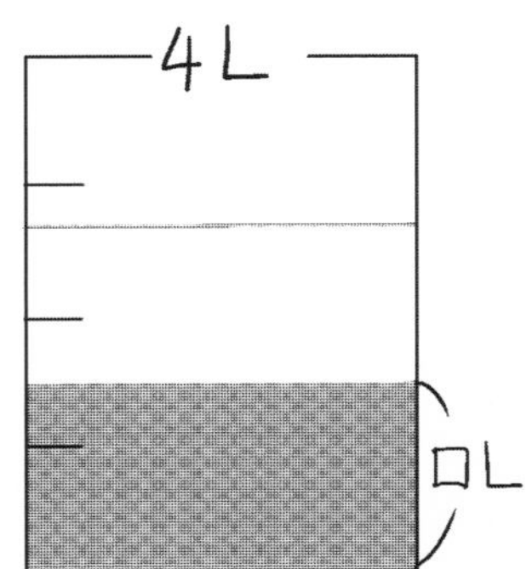

POINT

ステップ１の式を一目で分かる図になるように描かせます。一目で分かるような図を描くには式の意味を考えないと描けません。分からない子がいた場合、液量図の例示などが必要になるでしょう。

[算数]

▶▶▶アドバイス

数学的表現を身に付けさせるための指導法です。問題の立式の後で、その式の意味が一目で分かる図を描かせます。図で表すには式の意味がよく理解できていないとできません。さらにそれを文章で説明させます。

ステップ3 図を説明する文章を書く

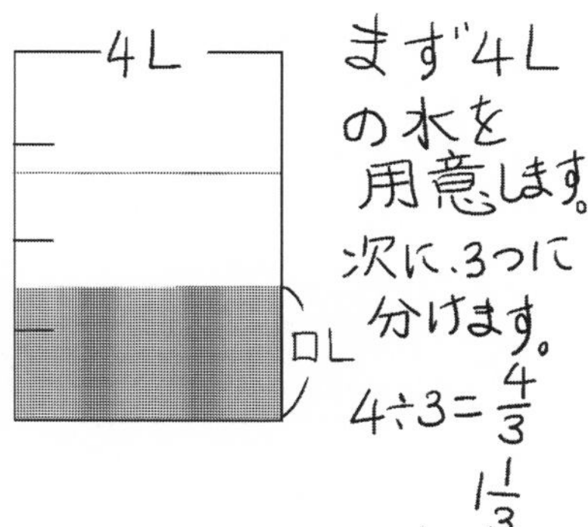

4L
□L
まず4Lの水を用意します。
次に、3つに分けます。
4÷3=4/3
1 1/3
よって1人分は
1 1/3 L です。

POINT

図が描けたら、それを黒板に描かせて説明させる展開が多いでしょう。そこで、早く終えた子には「この図を文章で説明します」と指示するとよいでしょう。「3文で」と制限しても効果的です。

解説

突然「一目で分かる図を描いて持ってきます」と言われて困る子もいるでしょう。

学年の最初は、

「先生の描く図を写します」

「教科書の図を写します」

などの活動を十分に行っておく必要があります。

その蓄積があってはじめて「一目で分かる図」が描けるようになっていきます。

「式をよりよく表現している図」はどれかを検討させるような授業も必要になってくるでしょう。

そして、分かりやすい図をみんなで写すような活動が大切になります。

数学的表現力には式レベル、図レベル、文章レベルの３段階があります。

文章レベルでは、「まず」「次に」「よって」などの接続語を教えて短い３文程度で表すようにさせたり、型を教えて書かせたりするなどの指導が有効です。

No. 31

例題指導

×を書いてやり直す

実施学年：4 年生以上 ｜ 準備物：特になし

ステップ 

1 間違えたところを消しゴムで消さないように趣意説明をする

ステップ 

2 間違えたところに×を書く

8
36)252
さっきは
8ではできなかった
から……

POINT

「間違えを残すことで、同じミスを二度しないで済みます。そして何よりも消しゴムで消す時間が無駄ですし、汚い紙の上から計算するとまた間違えやすくなります」などと話します。

POINT

場合によりますが仮商を立てた後の場合、式全体に×を付けさせてやり直しをさせる場合と、補助計算（仮商を確かめるためのかけ算）と仮商に×を付けさせることも考えられます。

[算数]

▶▶▶アドバイス

わり算の筆算指導で仮商を立てる場面でよく使われる実践です。仮商が大きすぎたり、小さすぎたりする場合、それまでに計算していた式に大きく×を付け、もう一度、最初から書き直しさせる指導法です。

ステップ3 もう一度、問題を解く

解説

ステップ２の式全体に×を付ける場合のノートは以下のようになります。

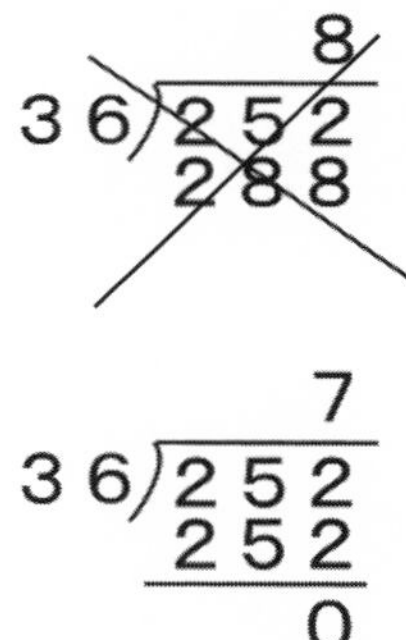

それに対して、補助計算と仮商に×を付ける場合のノートは以下のようになります。

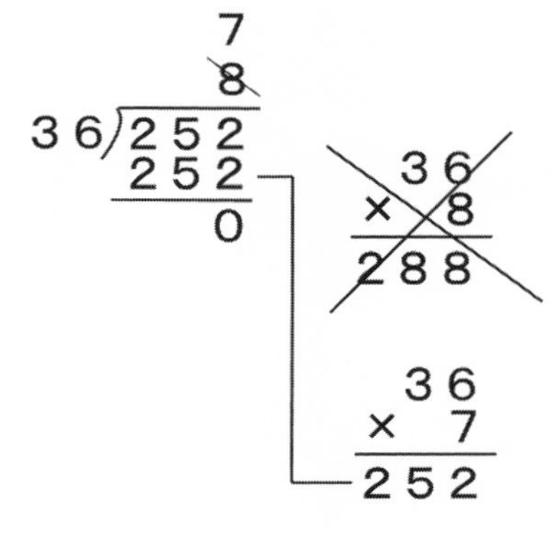

POINT

×を付けた後は、再び計算させます。正解するまでこれを繰り返させます。「×がたくさん付く子は賢くなります。一つ一つ確実に解いていくことが算数では大事なのですね」と励ましましょう。

No. 32

例題指導

多様な考えを引き出す

実施学年：全学年 ｜ 準備物：特になし

ステップ 1

「いろいろな答えの出し方を考えます」と指示する

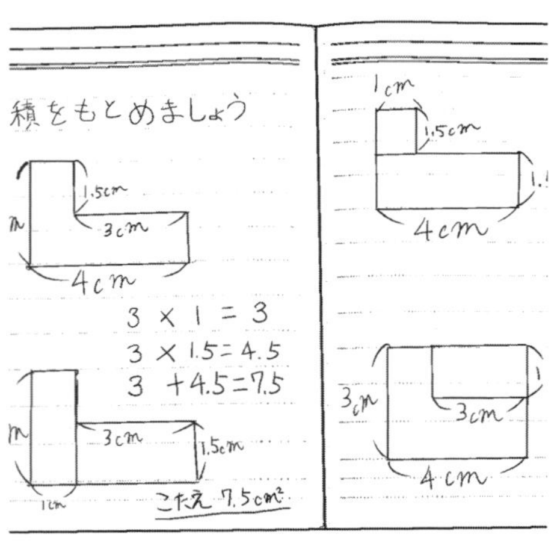

POINT

多様な考えが引き出せる教材を使って発問します。まずは１つの解法を考えさせます。ノートを持ってこさせ、できていたらさらに違う方法を考えさせます。解法はノートに記録させておきましょう。

ステップ 2

多様な考えを発表する

POINT

黒板に多様な考え方を書かせ、子供たちに発表させます。教師が選んで発表させる場合や、黒板に１人１つに限定して書かせる場合などがあります。いずれにせよ、黒板に書かれた考えを発表させ共有します。

[算数]

▶▶▶アドバイス

多様な考えを引き出す授業は子供たちが熱中します。まずは算数のどの教材で多様な考えが引き出せるか検討します。発問で引き出された多様な考え方を全て発表させます。解法を選択して他の問題を解かせます。

ステップ3

教師の提示した新しい問題をそれぞれの解法から選んで解く

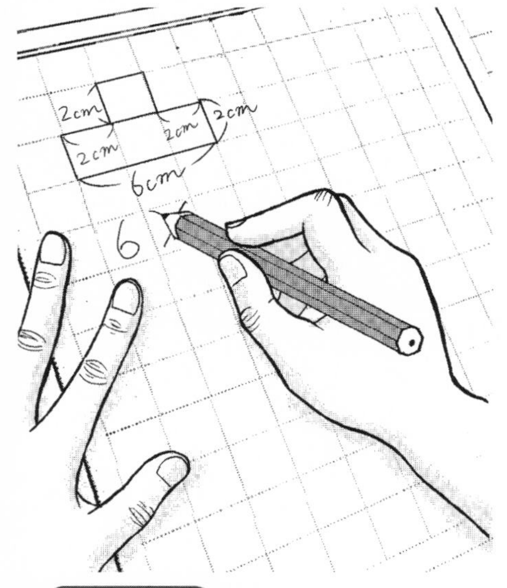

POINT

教師の提示する問題を解くためには、どの「多様な考え方」を活用するのがよいのか考えさせます。どうしても選択できない子供には教師が指定して解かせる方法もあります。

解説

「台形」の面積を既習の四角形と三角形の面積を使って多様に解決させる5年生の実践があります。

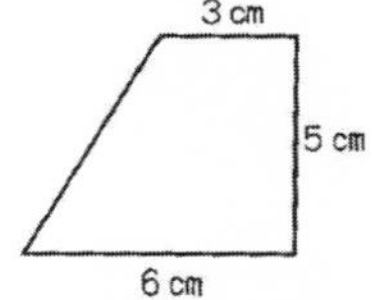

他にも4年生の複合図形の面積を求める授業も代表的な多様な考えを引き出しやすい授業です。

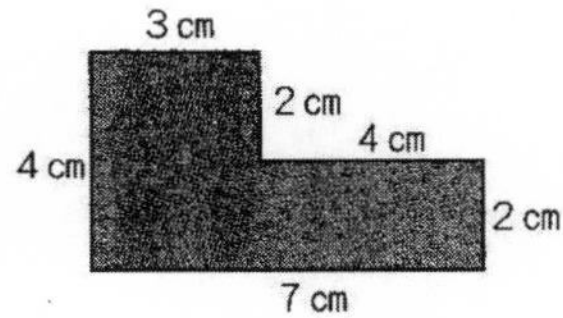

5年生の複合立体図形の体積を求める授業も同様です。

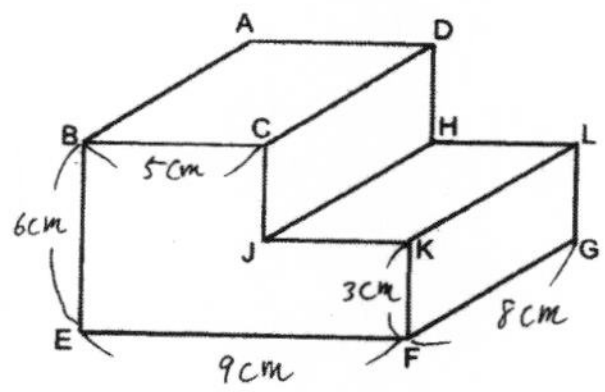

倍積変形も可能な図形です。

No. 33

例題指導

助走問題を出す

実施学年：全学年 ｜ 準備物：特になし

ステップ1 

教科書の難易度が高い問題を見抜く

POINT

教科書はスモールステップで指導内容を配列しています。しかし、問題と問題の間に思考の飛躍があったり、最初から難しい問題が配置されていたりする場合があります。まずはこれらを見抜きます。

ステップ2 

難易度の高い問題を解くまでに必要なスモールステップを確定して「助走問題」を作る

問題

花だんに水をまきます。1回あたり$\frac{2}{5}$㎡まくことができるじょうろ3回では何㎡まくことができますか。

助走問題（前学年の復習）

1回あたり2㎡まくことができるじょうろ3回では何㎡まくことができますか。

1回あたり1.5㎡まくことができるじょうろ3回では何㎡まくことができますか。

POINT

難易度の高い問題に関する既習内容を「助走問題」にします。1学年程度下の問題で構成するとスモールステップで助走問題を作ることができます。

[算数]

▶▶▶アドバイス

算数の教科書通り進めていくと、時として急に難易度の高い問題が出題されている場合があります。この難しい問題を解くためのスモールステップを作るために教師が入れ込む問題が「助走問題」です。

ステップ3

「助走問題」を解かせ、その次に難易度の高い問題を解く

POINT

難易度の高い問題を少しずつ理解して解けるようにスモールステップ化した問題が「助走問題」です。例えば、小数のかけ算に入る前に整数のかけ算の助走問題を出すなどします。

解説

②小数の倍とわり算

1 右の表は，はるかさんたちの家から駅までの道のりを表しています。

はるかさんの道のりをもとにすると，ほかの人の道のりは，それぞれ何倍ですか。

家から駅までの道のり

名前	道のり(km)
はるか	2.4
ゆうた	4.8
みさき	3.6
ひろし	1.8

⑩倍

上記の問題があります。小数のわり算に入る前に、次の整数だけの自作の表を示します。

家から駅までの道のり

名前	道のり(km)
さとし	2
ゆうじ	4
まさゆき	5
たいじ	1

「助走問題。さとしさんの道のりをもとにすると、ゆうじさんの道のりは何倍ですか」と問います。

4÷2＝2　2倍

「何倍にあたるかを求めるときは、わり算を使いましたね」

こう言って、既習の確認をした上で小数の表を扱っていくとスムーズです。

No.
34

例題指導

アルゴリズムの指導

実施学年：全学年 ｜ 準備物：特になし

ステップ1

アルゴリズムを教える

POINT

まずはイラストのような計算の手順を一つ一つ教師に続いて言わせるようにします。言いながら計算を進めさせます。こうやって計算の手順を教えていきます。言い方にリズムをつけると低学年は喜びます。

ステップ2

アルゴリズムを言えるようにする

POINT

アルゴリズムの言い方を一斉に数回言わせます。少し慣れてきたところで、「隣の人とお互いに言えたら座ります。全員起立」と練習させます。次に、みんなの前で挑戦したい子に言わせます。

[算数]

▶▶▶アドバイス

アルゴリズムとは「問題を解くための手順を定式化した形で表現したもの」のことです。アルゴリズムを覚えさせ、アルゴリズムの通りに計算させることで、確実な計算手順を獲得させることができます。

3 アルゴリズムを言いながら計算できるようにする

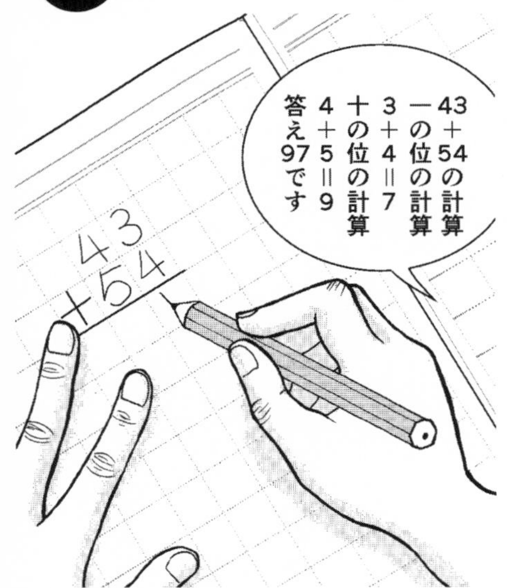

43＋54の計算
一の位の計算
3＋4＝7
十の位の計算
4＋5＝9
答え97です
43
＋54

POINT

計算問題のアルゴリズムを唱えさせながら解かせます。練習問題の答え合わせのときもアルゴリズムで言わせるようにします。こうやってアルゴリズムを習得させていきます。

解説

一通りアルゴリズムを教えた後は、授業の中で「次は何をしますか」と手順を子供たちに問いながら進めると効果的です。

アルゴリズムを確実に覚えさせることができます。

４年生の「わり算」でのアルゴリズムは以下の通りです。

①片指隠し（立てる場所確定）
②両指隠し（仮商）
③「立てる」
④「かける」
⑤補助計算
⑥答えを写す
⑦「引く」
⑧「おろす」
この後は②から繰り返し、最後は「引く」で終わる。

このように、筆算の手順には分岐もあり、反復もあります。

わり算の筆算のアルゴリズムを教えることはプログラミング的思考を養うことにもなります。

No.
35

赤鉛筆指導

実施学年：全学年 ｜ 準備物：赤鉛筆

ステップ1 

子供のノートに薄く計算を書く

ステップ2 

子供に「なぞってごらん」とささやく

POINT

時として学級には黒板をノートに写すことも困難な子供がいます。そんな子のノートに教師はそっと赤鉛筆で薄く計算を書いてやります。薄く薄く書く必要があるために、赤ペンでは指導できません。

POINT

子供のノートに赤鉛筆で薄く書いた後で教師は、
「○○君、これをなぞってごらん」とささやきます。子供へのいとおしさ溢れる対応術です。子供は一生懸命になぞります。

［算数］

▶▶▶アドバイス

　教室には学習困難な子供が在籍しています。算数の学習が理解できない子供にはどのように対応すればよいのでしょうか。その答えの一つが「赤鉛筆指導」です。学習の困難な子供に対してとても温かい対応法です。

ステップ3　力強く褒める

POINT

　子供が一生懸命になぞったら、
「よし！　よくできましたね！」
と力強く褒めます。できない子をそのままにするのではなく、このように温かく対応できるのがプロの教師です。

解説

　赤鉛筆指導を展開しつつ、教師は日常的に、
「分からないときは板書を写しなさい。写すのもお勉強です。一番いけないのは何も書かないことです」
と声をかけ続けることです。

　算数が苦手な子がまったく授業に参加しない（できない）ことを放置している教師がいます。

　中には放課後や休み時間に残して教える教師もいます。これはこれで熱心な教師といえますが、王道は授業の中での対応術です。授業の中で学習困難な子供をどうするのかが重要です。

　その一つの答えが「赤鉛筆指導」なのです。

「写す」「視写する」学習は国語のみならず、算数でも大きな力を発揮します。

「教科書を見たら答えが分かってしまい、思考力が伸びない」という常識を疑ってみることが必要です。

No. 36

例題指導

ノート指導

実施学年：全学年 ｜ 準備物：お手本ノート（「算数ノートスキル」等の教材）

ステップ 1

理想的なノートとはどのようなノートなのか例示する

4／24 P.11
3 たしざんのしかた
をかんがえよう。
1
しき25＋14

ひっさん 25
＋14
39

こたえ39円

ステップ 2

理想的なノートを視写する

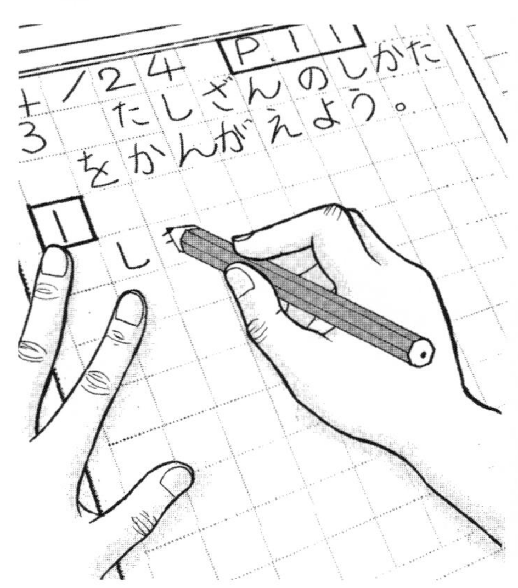

POINT

子供たちは「理想的なノート」を知りません。これまでの子供のノート等、理想的なノートをイメージできるものを準備します。東京教育技術研究所から発刊されている「算数ノートスキル」が理想的です。

POINT

今度はそのノートを自分のノートに視写させ、理想的なノートの書き方を体得させます。４月の最初にこの指導をしておくと、ノートの第１ページに「お手本」が残るのでいつでも振り返ることができます。

[算数]

▶▶▶アドバイス

算数のノート指導には様々ありますが基本は一緒です。まず、理想的なノートとはどのようなノートなのか例示し、次に、理想的なノートを視写させます。そして、授業の中で理想的なノートを自分で作らせます。

ステップ3　理想的なノートを授業で作る

POINT

日々の授業の中で「理想的なノート」を意識して書かせます。当初は授業後、一人ひとりのノートチェックをします。「授業後、ノートチェックします。書き直しもあります」と予告しておきます。

解説

よいノートの条件として「ゆったりとしている」ことが挙げられます。例えば、筆算をぎっしり書かせてしまうと計算ミスにつながります。そこで、筆算を書かせる場合、問題と問題の間を指２本分あけるなど、具体的な書き方を教えて実践させます。

他にも日付の書き方や問題番号の書き方なども教えておきます。そうすることで、授業が始まった段階で子供たちは「日付」などの分かっている情報は書いて待つようになります。

ノート指導の際、「ジャンボTOSSノート」（東京教育技術研究所）があると、効果的です。書く場所を説明しなくても、ジャンボノートに書いて見せることで理解ができるからです。

No. 37

練習問題指導

コース選択をさせるシステム

実施学年：全学年 ｜ 準備物：教科書、計算スキル（ドリル）

ステップ1

２問、５問、10 問コースの説明を行い、コースを選択する

POINT

教師は、解説にあるような語りを行い、コースを選択させます。その際に２問コースを選択した子を冷やかしたり、ばかにしたりする子が出ないように先手を打ちます。解説にあるような語りを事前に行い、安心してコース選択できるような雰囲気をつくります。

ステップ2

問題の答え合わせをする

POINT

詳しくは「No. 40 答え合わせの指導」に記載していますが、空白の時間をつくらないように教師は答えを 10 問目から順番に発表していきます。こうすることで、２問コースの子も集中して答え合わせに取り組むことができます。２問コースの答えはゆっくり読むようにしましょう。

[算数]

▶▶▶アドバイス

朝の時間に算数の問題プリントを解かせたり、授業の終末に授業の習熟をねらいとして計算問題を解かせたりする場面があります。その際に子供たちに自分に合ったコース選択をさせ、全員が100点になるようなシステムをつくり出します。

ステップ3

2問、5問コースの残りの問題を解く

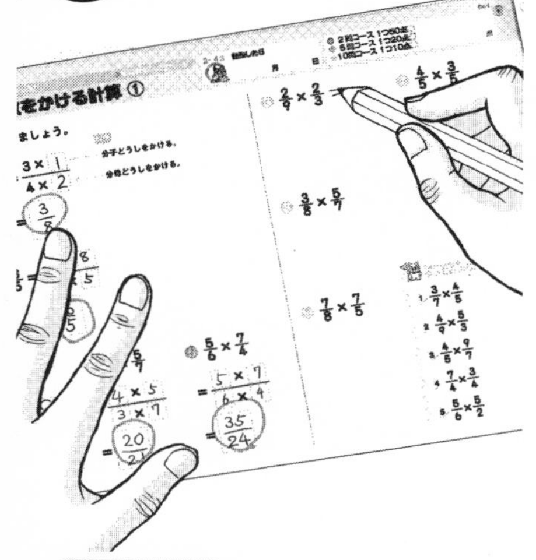

POINT

10問コースを選ぶ実力がありながら、2問コースを選ぶ子もいます。そのために、2問, 5問コースの人は残ったところを宿題にすることを事前に伝えておきます。こうすることで、結局は10問解くことになるので、子供たちは適切なコースを選ぶようになります。

解説

「①から⑩まで10問あります。テストは3つのコースがあります。まず。2問コースです。計算をゆっくりやる人のコースです。①と②だけ2分間でやりなさい。1問が50点になります。もう少しできる人は、5問コース。①から⑤までやります。1問20点で合計100点です。自信のある人は10問コースに挑戦します。①から⑩までやります。1問10点です。どのコースでも100点満点です。どのコースを選ぶか手を挙げてもらいます(『教え方のプロ・向山洋一全集24』)」

このように自分の実力に合ったコース選択をするように語ります。

また、「かけっこだって水泳だって、速い子もいれば、遅い子もいるのです。計算だって、得意な子もいれば、苦手な子もいるのです」と語り、子供たちが安心して2問コースを選べるようにします。その一方で、10問コースを選ぶ実力がありながら、2問コースを選ぶ子もいます。そのために、2問、5問コースの人は残ったところを宿題にすることを事前に伝えておきます。こうすることで、適切なコースを選ぶようになります。

早く終えた子への指導

実施学年：全学年 ｜ 準備物：教科書、ノート

ステップ 1

３問目の問題が解けたら、ノートを教師のところへ持っていく

POINT

練習問題を解かせる際に、１、２問目を終えた子にノートを持ってこさせると、ほとんどの子供たちがノートを持ってきてしまい、教室が騒然とします。３問目だと、時間差が生まれ、ノートを持ってくる子も少なくなります。そのため、教師も余裕をもって対応できます。

ステップ 2

子供たちが、３問目まで問題を解いている間に黒板に線を引く

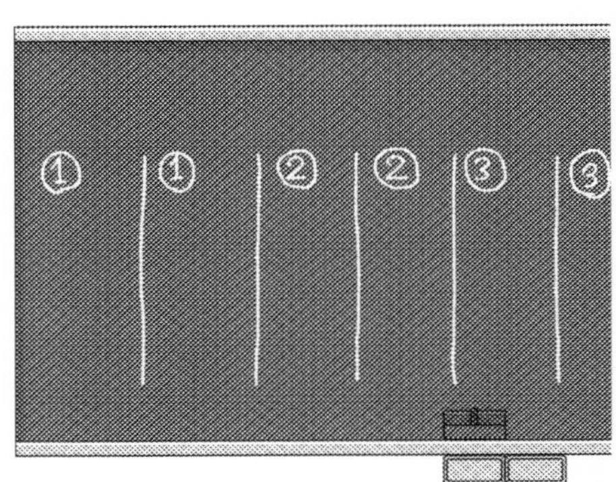

POINT

子供たちに問題を解かせている間に、黒板にイラストのような線を引きます。４問の練習問題の場合には、２問ずつ書かせるようにします。８問の場合には、１問ずつ板書をさせます。線の引き方は、問題の数や内容、子供の数などによって変えることができます。

[算数]

▶▶▶アドバイス

練習問題を解かせるときのポイントは、３問目の問題を解き終えたらノートを教師のところに持ってこさせることです。こうすることで、時間差を生み出し、早期に子供のミスに気付いたり、早く解けた子へ対応したりすることができます。

ステップ３

問題を早く終えた子は、答えを板書する

POINT

練習問題が４問の場合には、３問目でチェックを行い、４問目を解かせます。そして、ノートを持ってこさせ、丸を付けます。早く終えた子には板書をさせます。こうすることで、時間調整になるとともに、分からない子が写したり、参考にしたりすることができます。

解説

練習問題を解かせるときのポイントは、３問目の問題を解き終えたらノートを教師のところに持ってこさせることです。１問目だとほとんどの子供たちがノートを持ってきてしまい、教室が騒然とします。２問目だと、１問目よりは混雑が解消されますが、それでも多くの子供がノートを持ってきてしまいます。そのため、丸付けに時間がかかり、子供たちに空白の時間をつくってしまうことになります。３問目だと、時間差が生まれ、一斉にノートを持ってくる子も少なくなります。教師は３問の問題を解かせたら、全て丸を付けてしまいがちですが、３問目だけ丸付けを行います。こうすることで、列をつくらずに円滑に子供たちの解答をチェックすることができます。

４問の問題であれば、イラストのように黒板に線を引き、２人ずつ板書させます。これは、答え合わせのときに、算数が苦手な子が何回も答えを聞けるためです。また、より多くの子が板書をし、発表することができ、時間調整にもなります。黒板を８等分すれば、８問の問題でも板書できます。問題数や内容に応じて線の引き方を変えましょう。

No. 39

教科書チェックの指導

実施学年：全学年 ｜ 準備物：教科書、ノート

ステップ 1

一度でできた問題の番号に「／（斜線）」を引く

まとめ

分数に分数をかける計算は、分母どうし、分子どうしをかけます。

これからは、
a，bなどの文

1 ① $\frac{1}{2}\times\frac{3}{4}$ ② $\frac{3}{5}\times$ ④ $\frac{4}{9}\times\frac{2}{3}$ ⑤ $\frac{3}{2}\times$

2 1mの重さが $\frac{2}{9}$ kgのホースがあ
このホース $\frac{4}{5}$ mの重さは何キロ

POINT

教科書の問題を解き、答え合わせをする際に子供たちにそれぞれの印を書かせます。一度でできた場合には、／（斜線）を引かせます。慣れるまでは1問ごとに教師が線を引くように指導します。子供たちは慣れてくると、自分でどんどん印を付けるようになります。

ステップ 2

間違った問題の番号に「レ（レ点）」を書く

まとめ

分数に分数をかける計算は、分母どうし、分子どうしをかけます。

これからは、
a，bなどの文

1 ① $\frac{1}{2}\times\frac{3}{4}$ ② $\frac{3}{5}\times$ レ④ $\frac{4}{9}\times\frac{2}{3}$ ⑤ $\frac{3}{2}\times$

2 1mの重さが $\frac{2}{9}$ kgのホースがあ
このホース $\frac{4}{5}$ mの重さは何キロ

POINT

間違った問題には、レ（レ点）を付けるようにします。これも子供たちが慣れるまでは、教師が1問ごとに印を付けるように指導します。間違った問題は、赤字で正答を書かせ、単元の終わりに再度問題を解かせるようにします。できるようになるまで解くようにします。

[算数]

▶▶▶アドバイス

単元テストの平均点を向上させる指導法の一つにこの「教科書チェック」があります。この指導を単元の終わりやテスト前に行うことで学級の平均点が伸びます。この指導法は、算数だけでなく、様々な試験にも活用できる方法です。

ステップ3

全ての問題に「／（斜線）」が引けるように問題を解き続ける

分数に分数をかける計算は、
分母どうし、分子どうしをかけます。

これからは、
a，bなどの文

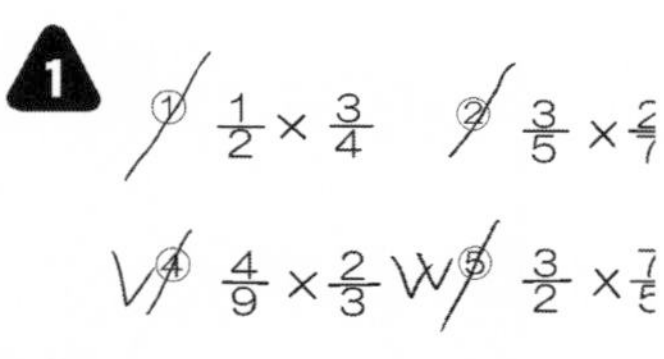

1 ① $\frac{1}{2}\times\frac{3}{4}$　② $\frac{3}{5}\times$

④ $\frac{4}{9}\times\frac{2}{3}$　⑤ $\frac{3}{2}\times$

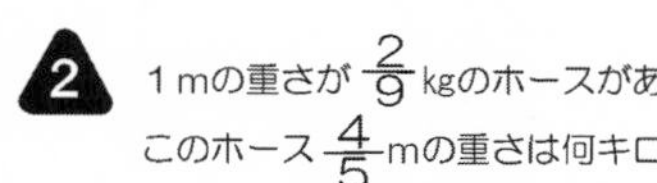

2 1mの重さが $\frac{2}{9}$ kgのホースがあ
このホース $\frac{4}{5}$ mの重さは何キロ

POINT

テスト前や単元の終わりに間違えた問題を全て解かせ、全ての問題に／（斜線）を引くように指導します。この指導を継続して行うことで、子供たちの中に「教科書の問題は全て解くものだ」という意識付けを行うことができます。また、テストの成績も上がっていきます。

解説

この指導法を活用すると、子供たちに次の力が付きます。

①できた問題とできなかった問題を分別する力

自分はどの問題ができて、どの問題ができないかを把握することはとても大切なことです。自分の現在の力を理解するためにも必ず行いたい指導といえます。

②できない問題を解けるようにする力

「できない問題」を理解し、「できるようにする」ことで積み残しがなくなります。算数は積み上げの学問といえるので、積み残しがなくなるのは、算数ができるようになるための重要な要素といえます。

斜線を引くことやレ点を入れさせることは比較的難しくありません。しかし、単元末やテスト前に問題を解かせる時間を確保するのは難しいことが多くあります。そのため、最初からできなかった問題を再度解かせる時間を確保することを念頭に置きながら、単元の計画を立てることが大切です。

教科書を活用しテンポよく授業を進めていくことで、この時間を確保することができます。

No.
40

練習問題指導

答え合わせの指導

実施学年：全学年 ｜ 準備物：赤鉛筆

ステップ1 問題の答えを最後の問題の答えから発表する

POINT

最後の問題から答え合わせをしていきます。これは、最後の問題までできなかったり、2問コースや5問コースを選択したりした子供が緊張感をもって丸付けに取り組むことができるからです。答えを発表していく際にはテンポよく行います。言い直しはしません。

ステップ2 途中でコースの子供に呼びかける

POINT

コース選択をしている場合には、「5問コースの人お待ちどうさま」などと、子供に呼びかけます。こうすることで、そのコースを選択した子供の集中力が増します。また、この一言で、間ができるので、丸付けが間に合っていない子への時間調整とすることもできます。

[算数]

▶▶▶アドバイス

答え合わせの際に、問題の答えを最後の問題から発表していくというものです。この指導は、どの学年、どの教科でも応用が可能です。算数では教科書の計算問題やスキルやドリルの問題、プリントなどでも活用することができます。

ステップ3

最後の2問の答えはゆっくりと大きな声で発表する

POINT

最後の2問はゆっくり大きな声で読むようにします。こうすることで、子供たちは緊張感をもちつつ、興奮していきます。教師は意図的に焦らして、学級全体の集中した雰囲気を盛り上げます。また、特別支援を要する子のためにも最後の2問はゆっくり読みましょう。

解説

計算スキルの答え合わせの場合には、次のようにします。

「答え合わせは、ラストの10番からはじめる。テンポは速く。『答え合わせをします。10番から』問題と答えを後ろから読んでいく。スキルの解答欄をそのまま読めばいい。言い直しはしない。⑤の答えに入るとき『さあ、5問コースの人お待たせしました』などと言う。最後の2つ、②と①は、ゆっくりと大きな声で言う（『教え方のプロ・向山洋一全集24）」

ポイントは、左記に示した3つです。

1つ目は、問題の答えを最後の問題の答えから発表することです。

2つ目は、途中でコースの子供に呼びかけることです。

3つ目は、最後の2問の答えはゆっくりと大きな声で発表することです。

この3つのポイントを押さえることで、子供たちは緊張感をもって丸付けに取り組むことができます。しかも、どの学年、教科でも応用が可能です。教師が焦らしたり、答えの発表の速さを意図的に変えることで、答え合わせの指導が一変します。

No.
41

基本指導

1時間の流れ

実施学年：３年生以上 ｜ 準備物：筆記用具
（「No.48 理科室探検」参照）

ステップ 1

実験に必要な道具を取りに行く

POINT

ノートに実験で使うものを書き出させ、教師がチェックします。書いてある実験道具を子供たちが準備をします。子供が慣れないうちは、１番がビーカー、２番がコンロなど役割を決めてもよいでしょう。

ステップ 2

実験中は記録係だけ記録する

POINT

記録係を班で１人決め、できるだけ詳細に実験の様子をメモするようにします。

時間ごとや様子をオノマトペなどを使って表現させるとよいでしょう。

[理科]

▶▶▶アドバイス

ここでは理科室での実験の1時間の流れを紹介しています。先生が準備するのではなく、子供たちが準備から片付けまで行えるようにシステム化します。子供たちが主体的に授業に参加できます。

ステップ 3

実験終了後、同じ場所に片付ける

POINT

準備したものを片付けさせるのが原則です。どこから、いくつ持ってきたかが明確だからです。

試験管やビーカーなど乾燥させる一時保管場所も明確にしておきましょう。

解説

理科室で実験をする際の1時間の授業の流れの留意点です。

「理科室のどこに何があるか」を子供たち一人ひとりが分かっていることが大前提となります。したがって、子供に理科室探検を実施しておきましょう。

教師が準備する授業では、子供たちの器具の扱いなどが不十分になります。

まずは、理科室を機能的に整備すること（使いやすくすること）です。

そして、薬品の管理や器具の配置など、事故防止の配慮がしてあることです。

そのような理科室になっていると、子供たちは主体的に動けるのです。

実験を準備から片付けまででシステム化しましょう。

ビーカーを持ってきた子には、ビーカーを片付けさせます。同じものを準備・片付けさせることで、同じ場所に実験器具が片付いていきます。

No.
42

基本指導

実験システム

実施学年：３年生以上 ｜ 準備物：ノート

ステップ 1

ノートに学習課題と実験の図を描く

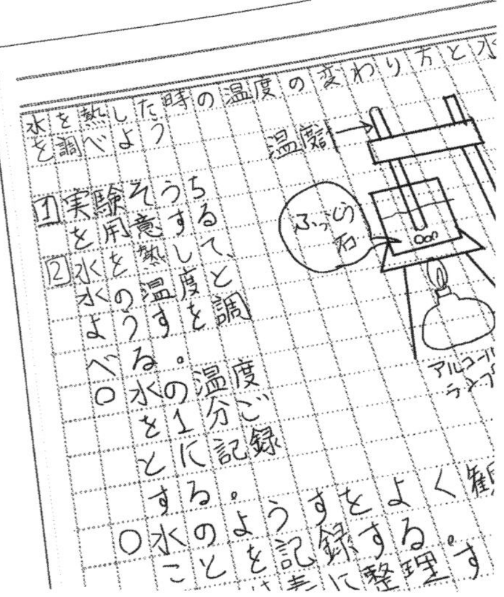

POINT

教科書の実験図をノートに描かせます。図を写すことで実験の方法が分かり、手順を確認することになります。比較実験のときは、そろえる条件は何かを意識させながら描かせるとよいでしょう。

ステップ 2

実験に必要なものを書かせ、チェックする

POINT

例えば、「試験管（４本)」というように個数も書かせます。不足があれば、「本当にこれだけでよいですね」と念を押します。書いたものしか貸さないので、子供たちは必死になって教科書を読みます。

[理科]

▶▶▶アドバイス

ここでは「ノートに書いたものしか貸さない」実験システムについて紹介しています。一見、意地悪な方法ですが、子供が見通しをもって実験する優れた方法となります。器具などの名称もしっかりと覚えます。

ステップ3 書いたものだけ準備して、実験する

POINT

実験に不要なものまで準備する班もありますが、片付けが大変になります。経験を通して「実験に必要なもの」もはっきりしてきます。子供たちは、準備から片付けまで主体的に実験を行います。

解説

ポイントは、実験図を描かせ、見通しをもたせることです。実験図をノートに描かせることで、どんな実験をするのかがより分かります。実験図は、教科書にある実験している写真や絵をそのまま描かせます。

そして、ノートチェックをすることで一人残らずノートを書くようになります。

実験図まで描かせたら、次の指示を出します。

「実験に必要な道具をノートに書きます。ただし、ノートに書いていない道具は貸しません」

実験図を描かせた後は、実験に必要なものをノートに書かせます。ノートに書いたものだけ貸してあげるシステムです。

必要な道具を書かせるとき、数量も書かせるようにします。そして、班ごとにノートチェックをします。班の中で、一番あやしそうな子のノートを見るとよいでしょう。これで、全員がノート作業を確実にします。理科の実験システムの留意点です。

No.
43

安全対策

実施学年：３年生以上 ｜ 準備物：特になし

ステップ1 理科室では走らない、ふざけない

POINT

「ガラス器具や薬品があるので危険です。理科室では、走ったり、ふざけたりしません」と、理科室は教室と違って危険だということを伝えておきます。安全のため、毅然とした対応をしましょう。

ステップ2 保護メガネで変身する

POINT

「目は怪我したら大変です」と、目を守ることの大切さを伝え、簡単な実験でも保護メガネをする習慣を身に付けさせましょう。「実験の前には、保護メガネで変身」を合言葉にします。

[理科]

▶▶▶アドバイス

教師には経験則がありますが、子供にはありません。どんな事故が起きるか、危険予知をさせておくことが必要です。趣意説明をしておくことで事故の防止になり、事故が発生したときにもすぐに対応ができます。

ステップ

3 椅子をしまって、立って実験をする

POINT

椅子に座っているとすぐに逃げることができません。また、びっくりして椅子から倒れて怪我する場合もあります。

実験は立って行う習慣を身に付けさせましょう。

解説

①理科室では、走らない。ふざけない。ガラス器具や薬品があるので危険です。

②机に落書きをしない。見つけたら、消しておいてください。

③火や薬品を使う実験は、必ず立って行う。椅子は中に入れておく。事故防止のための約束です。

④机には、ぞうきん、ブラシ、空きかん（マッチの燃えさし入れ）があります。なかったら、先生に連絡してください。

⑤ケース類には、よく使う器具が、班ごとにセットになって入っています。使ったときは、数を確かめてしまう。

小森栄治氏は「理科室を使うときの約束」として、子供に分かりやすく14項目で指導しています。

これらを参考にして、各学校の子供たちの実態に合わせて指導するとよいでしょう。

また、絵の中から危険な行動を見つける問題や危険予知トレーニング（KYT）などもあります。

No.
44

ノート指導

実験ノートの作り方

実施学年：３年生以上 ｜ 準備物：教科書、ノート、色鉛筆

ステップ 1

見開き２ページにレイアウト枠を書く

問題
予想
方法
仮説
結果
考察
結論

ステップ 2

左ページは、実験前に予想を中心に書く

POINT

ノートまとめが苦手な子は、どのようにまとめたらよいかが分かりません。レイアウトを示すことでどこに何を書けばよいのかが分かります。書くスペースが限定されるので工夫が生まれてきます。

POINT

初めは教科書の図や教師の描いた図を写させます。実験図や準備物をかかせることで実験の方法が分かり、学習が見通せるようになります。また、実験器具の名前も覚えるようになります。

[理科]

▶▶▶アドバイス

実験をやりっぱなしでは力が付きません。実験したことを簡潔にまとめることで理科の力が付いていきます。まとめるにはコツがあります。フォーマットを決め、繰り返して、オリジナルのノートを作らせましょう。

ステップ3

右ページは、実験後に結果を中心に書く

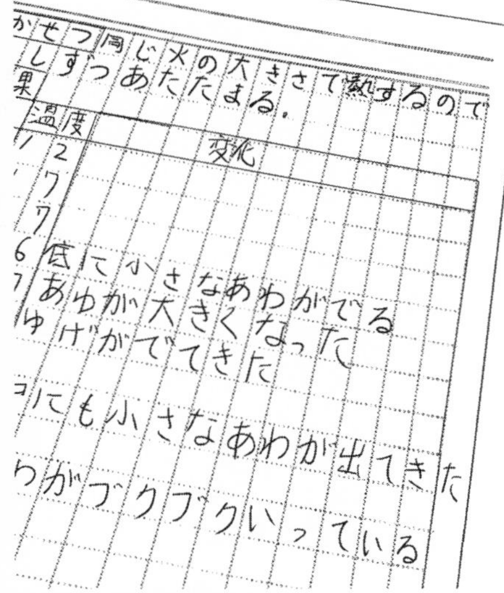

POINT

実験の様子、考察など実際に見て考えたことを記述させます。簡潔にまとめることで理科の力が付きます。初期の段階では、リード文やキーワードを示すと書きやすいでしょう。

解説

イメージがないとまとめられません。ノートの見本を見せることをお勧めします。

まず、ページを限定することです。基本は、見開きの２ページがよいでしょう。

フォーマットに従って、枠を作ってしまいます。

左ページが実験前、右ページが実験後です。

左ページが、課題、実験図、準備物、予想などです。

右ページが、実験の様子、結果、考察、感想などになります。

あらかじめ枠を作らせておくとその中に収めようと努力し、工夫が出てきます。

ノートづくりに時間がかかってしまう子には、実験図や表などを印刷したものを貼って使わせるとよいでしょう。

大切なのは、考察や感想の部分です。自分の考えをしっかりと記述させましょう。

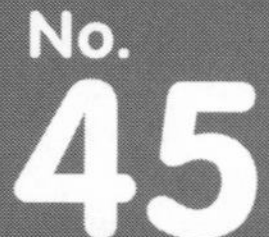

ノート指導

結果と考察の書き方

実施学年：３年生以上 ｜ 準備物：特になし

ステップ1

実験の結果の書き方を説明する

実験結果
激しく燃えた。

POINT

小学校６年生「ものの燃え方」の授業で、酸素の中にろうそくを入れた実験をしたとします。実験結果を書かせ、書いたことを確認します。「酸素があると激しく燃える」という書き方はせずに、あくまで結果は「激しく燃えた」と結果のみを書くことを教えます。

ステップ2

考察（分かったこと）の書き方を教える

実験結果
激しく燃えた。

考察
酸素はろうそくの炎を激しく燃やすはたらきがある。

POINT

「分かったことは何ですか」と発問し、考察を書かせます。学年のはじめや、中学年の場合には、穴埋め形式で書かせても構いません。例えば、「○○はろうそくの炎を激しく燃やすはたらきがある」と板書します。できる子には自分の言葉で書かせるようにします。

[理科]

▶▶▶アドバイス

実験結果と考察（分かったこと）を教師が整理して理解しておかないと、子供たちも結果と考察を区別することができません。子供たちに結果や考察を書かせても、２つが混在していたり、全く異なることを書いていたりします。

ステップ3

別の時間に「実験結果」か「考察（分かったこと)」かを確認する

「発光ダイオードの方が、電球より使う電気の量が小さい」
これは「実験結果」ですか？
「考察」ですか？
実験結果？
考察？

POINT

別の実験をしたときや教科書を読んだときなどに「これは結果ですか、考察（分かったこと）ですか」と発問し、結果と考察を区別して理解させるようにします。こういった活動を繰り返していくことで、子供たちは実験結果と考察の違いや書き方を習得していきます。

解説

子供たちの「思考・判断・表現」を評価する際に活用するのが、子供たちの考察（分かったこと）です。そのため、子供たちに、実験結果と考察（分かったこと）の書き方や書く内容について、きちんと指導を行っておく必要があります。この指導は、一朝一夕で身に付くものではないため、繰り返し２つの違いや書き方、書く内容について丁寧に指導をしていきます。最初は、穴埋め形式で書いていた子供も、慣れてくると自分の言葉で書けるようになってきます。ただ、いきなり自分の言葉で書かせようとすると、特別支援を要する子や文章が上手く書けない子は混乱します。そこで、そのような子供たちのために穴埋め形式だけでなく、キーワードを示すなど、スモールステップで指導していくようにします。また、理科の授業では、学習指導要領に示されている項目や内容をきちんと指導することが大切です。そこで、必ず書いてほしい、使ってほしい用語や文章を子供たちに示すことで、授業のねらいに即した考察を書かせることができます。こうすることで、教師は評価もでき、子供たちの理解も深まります。

No. 46

ノート指導

観察記録の書き方

実施学年：３年生以上 ｜ 準備物：教科書、色鉛筆、画用紙（八つ切り画用紙四等分）

ステップ 1 記録事項を書く

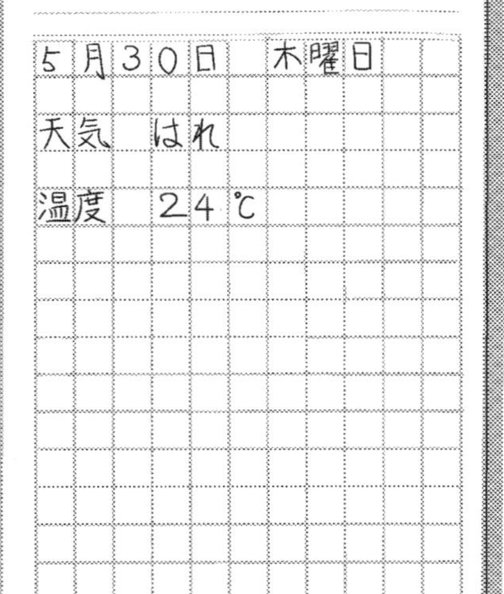

POINT

記録事項は大切なデータです。データがあれば、比較することができます。「①日付、②天気、③温度、の３点セット」は、毎回必ず書かせましょう。

ステップ 2 記録図を描く

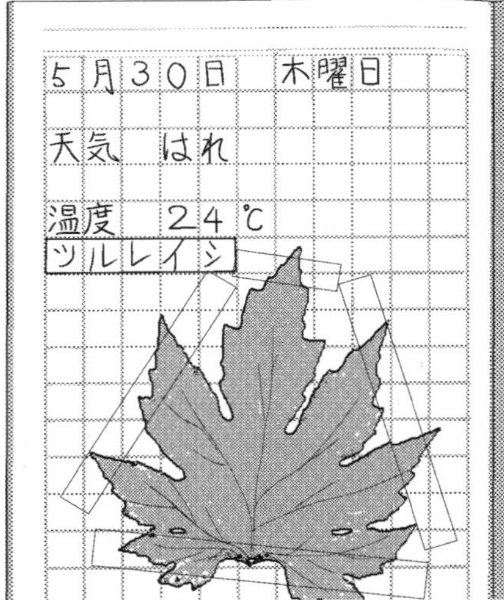

POINT

図工の時間ではないので、ここには時間をあまりかけないようにしましょう。観察の視点をしぼって描かせます。トレーシングペーパーにイラストを写させたり、実物を直接貼ってもよいでしょう。

[理科]

▶▶▶アドバイス

観察記録は、３部構成で完成します。⑴記録事項、⑵記録図、⑶記録文です。大切なのは、記録文です。観察して、気が付いたことや思ったことなどをたくさん記録させましょう。

ステップ 3 記録文を書く

POINT

書かせる前に気が付いたことを発言させると、書けない子へのヒントになります。箇条書きや記録図から線を引っ張って書かせてもよいでしょう。記録文が充実するように時間を確保しましょう。

解説

理科では様々な「記録」が必要です。記録するには、コツがあります。そのコツを子供たちに教えましょう。教えなければ、子供たちはかけません。

観察の記録には、必ず、基本データを書かせます。

①日付、②天気、③温度の３つです。

「観察記録の３点セットを書きなさい」

このように言って、必ず書くように指導しましょう。

実態に応じて、④題名（タイトル）、⑤場所、⑥時刻などをプラスするとよいでしょう。

「観察記録をカードにかかせるのか？」「ノートにかかせるのか？」悩むことがあると思いますが、どちらでも構いません。観察カードは、子供たちがかいた後に分類するときに適しています。観察カードにするか、ノートにするかは、授業に合わせて選択しましょう。

No.
47

ノート指導

単元のまとめ方

実施学年：３年生以上 ｜ 準備物：ノート、色鉛筆

ステップ 1

「はじめ」と「まとめ」を正対させる

題名
課題

「空気や水は
ちぢめられるのか」

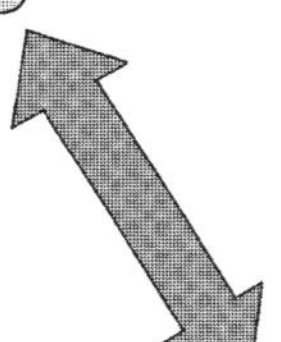

「とじこめた空気に
力を加えると、
おしちぢめられるが、
とじこめた水に
力を加えると
おしちぢめられない」

まとめ
感想

ステップ 2

「なか」は、３つの例で証明する

POINT

課題の問いが「はじめ」、課題の答えが「まとめ」と意識させます。

例えば「空気や水はちぢめられるか？」という問いに対して、きちんとした答えが正対して書かれているか確認をします。

POINT

「なか」は、実験や観察をしたことを主に３つの例で紹介させ、証明させるようにします。「①空気はこの実験で、②水はこの実験で、③空気と水はこの実験で、だから、……」という思考の流れです。

[理科]

▶▶▶アドバイス

社会などでまとめるために新聞づくりをします。このイメージで、学んだ単元の内容をノートに見開き２ページでまとめます。ごちゃごちゃとした頭の中を整理し、論理的にものを考える習慣を鍛えることになります。

ステップ3 理科の日常化を意識する

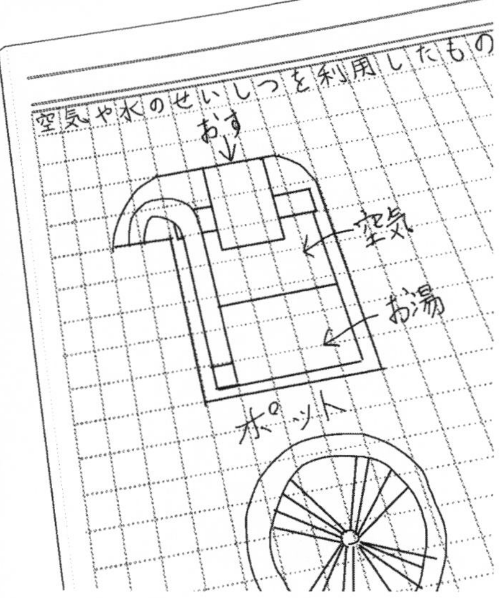

POINT

実験や観察したことは、原理原則です。その原理原則が日常で使われています。その例を見つけ、書かせます。教科書のコラムなどに載っているので参考にさせるとよいでしょう。

解説

ノート見開き２ページで、学習した内容を「はじめ」「なか」「おわり」でまとめます。

説明文をビジュアル化するイメージです。

「はじめ」は、問いです。題名の部分を問いにしてしまうとよいでしょう。

「なか」は、実験や観察したことを３つほどあげて証明させます。

「おわり」は、問いに対する答えや感想をまとめて書かせます。

「なか」や「おわり」に理科がどのように生活につながっているのか？

日常化の視点で書かせると考え方が広がります。

題名・課題	例③
例①	理科の日常化
例②	まとめ・感想

No. 48

理科室指導

理科室探検

実施学年：３年生以上 ｜ 準備物：ノート

ステップ

1 理科室探検の説明をする

POINT

「理科室にある全ての実験器具や道具をノートに書きます。戸棚を開けて中のものにそっと触っても構いません。ただし、見たものは全てノートに名前を書いておきます」と子供たちに伝えます。ノートは見開き２ページで使います。探検前に理科室の全体像を示します。

ステップ

2 注意事項を確認する

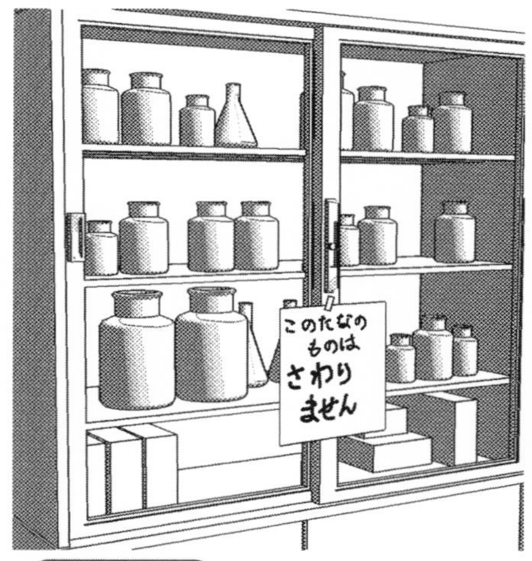

POINT

「理科準備室には、薬品が入っているところがあります。そこには勝手に触ると危険な薬品もあります。そこだけは触りません。触った人がいたら、探検はそこで終了となります」と探検前に注意事項を伝えます。名前はラベルに表示しておき、そのまま写させます。

[理科]

▶▶▶アドバイス

理科室での初めての授業の際に理科室探検をするメリットはたくさんあります。理科室にある実験器具や道具の場所を確認し、次の時間から子供たちが困らないようにしたり、理科室での学習に意欲をもたせたりすることができます。

ステップ3 終了時間とその後にやることを示す

POINT

「時間は30分間です。○時○分になったら、自分の席に戻ります」と探検が終了したら、どうすればよいかを示してから探検を始めるようにします。その後に、自分が見つけた実験器具や道具をグループで交流します。これで調べられなかったものを確認することができます。

解説

30 分間で理科室全てを探検し、実験器具や道具を記録することが難しい場合もあります。そのようなときは、グループ内のメンバーで場所を分担する方法や学級でグループごとに場所を分担する方法もあります。例えば、グループのメンバーで役割分担をして探検を行う場合には、次のようにします。

①グループで場所を分担する。
②手分けをして一斉に探検を始める。
③ 30 分経過したら、記録できたところまでで自席に戻る。
④書いていないところをグループ内で交流し、記録する。

ここでのポイントは、最後に調べた情報を交流させ、どの子も理科室全体の実験器具や道具の位置と名称が分かることです。また、最初の理科室探検の時からグループで協力する活動を入れていくことで、グループで協力して学習を進めていく態度を育むことができます。

最後に時間があれば、「ビーカーを指さします」というように確認テストを行います。テンポよく行うことで、子供たちも楽しみながら実験器具や道具の場所を確認することができます。

No. 49

理科室のグループのつくり方

実施学年：３年生以上 ｜ 準備物：特になし

ステップ 1

男子のみと女子のみのグループ編成とする

ステップ 2

グループの中で番号を決める

POINT

男女４名の構成が基本です。時には、グループ編成を男子のみ、女子のみのグループ編成にします。こうすることで、「実験に消極的だった女子が、積極的に実験に取り組む」「記録係など女子に任せそうな役割も男子が行うようになる」など、様々なメリットがあります。

POINT

グループの中で番号を決めておくと、準備や片付けの際に役割が明確になります。「１番の人は安全眼鏡、２番の人はビーカー、３番の人はカセットコンロ、４番の人は沸騰石」などと指示をします。準備と片付けを同じ子が担当すれば、混乱なく準備や片付けができます。

[理科]

▶▶▶アドバイス

理科室でのグループは４人で１グループとします。安全性や利便性を考え、４人以上にはしないようにします。また､グループのメンバー構成にも配慮が必要です。安全に快適に学習できるように学級の実態に応じたグループ編成をしましょう。

ステップ 3

ある程度の期間で学習する場所を変える

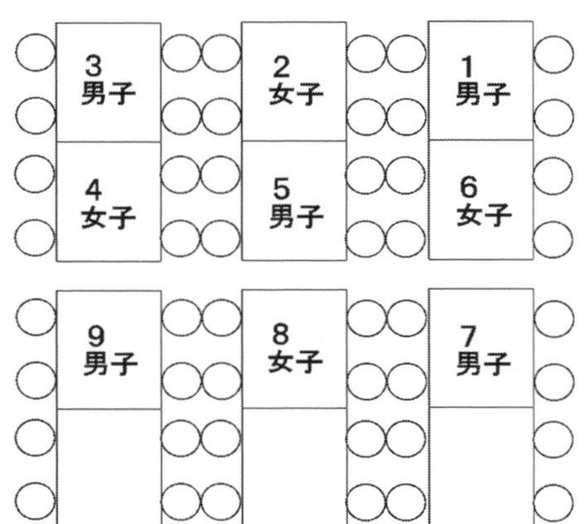

POINT

グループのメンバーはすぐには変えません。半年間から１年間など長期間同じにします。また、理科室でのグループの学習場所は、前期と後期など年度途中で変えます。黒板から遠かったグループが黒板の近いほうに、近かったグループが遠いほうに移動するようにします。

解説

ステップ１で、「男子のみと女子のみのグループ編成とする」と紹介しましたが、出席番号順や男女混合で行わなければならない状況もあると思います。その場合には、学級の実態に応じて臨機応変に対応するようにしましょう｡男子のみ、女子のみにするのは、高学年では効果的です。固定概念にとらわれず、やってみて学習効果が上がらないようであれば、柔軟に変えていけばよいのです。

ステップ２で番号を決める方法を紹介しましたが、番号を決めない方法もあります。子供たちが自分たちで全て準備や片付けをします。このような場合には、次のような指示をします。

「実験に必要なものを全てノートに書きます。グループ全員が書けたら、４人全員でノートを持ってきます」。そして、ノートに書いた実験道具しか貸さないようにします。こうすることで、子供たちは協力してノートに実験道具を書き、教師に見せにくるようになります。教師は一番書けていなそうな子のノートを確認します。合格したグループから実験を始めていくようにすると、どのグループも協力して取り組むようになります。

理科室での机間指導

実施学年：３年生以上 ｜ 準備物：特になし

ステップ1 理科室での動線を決める

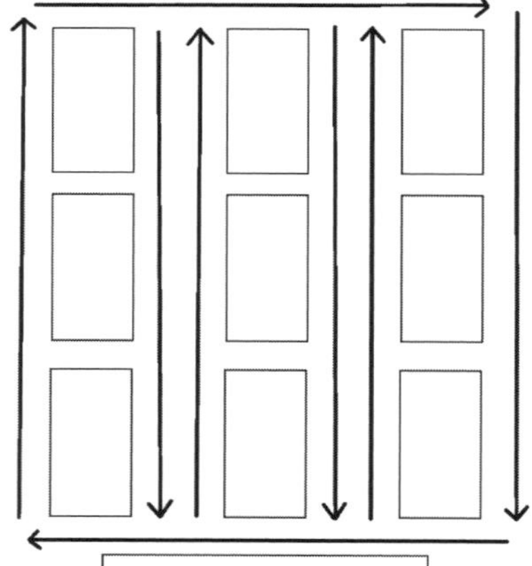

POINT

理科室での教師の動線を決めておくと、机間指導が効果的に行えるようになり、授業が安定します。また、子供たちも教師がいつ自分の班に来るのかが、分かるため安心して実験に取り組むことができます。もちろん、至急の対応があれば、すぐにその班に向かいます。

ステップ2 １つの班にかける時間を短くする

POINT

１つの班での指導時間を短くします。観察や実験が円滑に進んでいると判断したら、すぐに次の班へ移動します。そして、何度も各班を巡回することで、もれがなく、小刻みに必要な指導や対応ができます。また、子供も教師が来るのを待つようになります。

[理科]

▶▶▶アドバイス

机間指導は、意識しないと単なる散歩になりがちです。教師の机間指導がいつも同じだと授業が安定してきます。すると、子供たちも安定して学習ができるようになります。教師の意図的・計画的な机間指導が子供たちによい影響を与えます。

ステップ3 全ての班の活動を意識する

POINT

各班を巡回していると、理科室全体に対して目が行き届かなくなる場合があります。そのため、1つの班を見ているときには、理科室の反対側の班にも目を配るようにし、子供たちの活動の様子を観察するようにします。こうすることで、授業がさらに安定していきます。

解説

ステップ1では、学級の実態に応じて最初に巡回する班を決めるようにします。最初に行く班は、巡回できる回数も多くなる可能性が高いので、配慮が必要な子がいる班にしておくと効果的です。

ステップ2の場面では、各班を巡回する時に、子供たちに声を掛けたり、褒めたりしましょう。全員に声を掛けることができれば、子供との関係も良好になっていきます。難しいようであれば、学級全体の半分、次の時間にはもう半分の子供たちに声を掛けるようにするなど、工夫をしてできるだけ学級全員に声を掛けていくようにしましょう。そのためには、教師は机間指導の際に、一生懸命に学習に取り組んでいる子や記録をしっかりと書いている子、実験の約束をきちんと守っている子などを意図的に観察しておく必要があります。

ステップ3の場面では、常に教師の位置する場所と反対側の子供たちが何をしているのかを把握するために、目を配っておくことが重要です。最初は、なかなか難しいかもしれませんが、何度も意識して繰り返していくことで、自然にできるようになってきます。

No.
51

生物単元

飼育観察の指導

実施学年：３年生以上 ｜ 準備物：プリンカップ、飼育ケース

ステップ 1

何匹も入れない

POINT

飼育容器にたくさんの昆虫を飼うとお互いに傷付けあったり、病気やウイルスが発生しやすくなったりします。より観察しやすくするためにも「１容器１匹」をお勧めします。

ステップ 2

直射日光に当てない

POINT

小動物や昆虫は体温が上がりやすいので注意しましょう。直射日光が当たる場所で飼育すると弱ったり、死んでしまったりします。風通しのよい涼しいところがよいです。

[理科]

▶▶▶アドバイス

飼育の基本は、生き物のすみかを再現させることです。自然界と同じ状況をつくれば、誰でも上手に飼育することができます。飼育の基本は、①何匹も入れない、②直射日光に当てない、③乾燥させない、の3つです。

ステップ3 乾燥させない

POINT

特に昆虫は乾燥に弱いです。植物や土の上での生活なので常に水分が保たれているからです。草や葉を入れ、土を湿らせることが必要です。ミズゴケを使用すると乾燥から守ることができます。

解説

飼育には「プリンカップ」がお勧めです。厚みがあるプリンカップは、卵から成虫まで、特に昆虫類の飼育に最適です。ふたがあるので容器の湿度を保つことができます。

プリンカップは、百均や通販で簡単に入手できます。

プリンカップで様々なものが飼育、観察できます。机で常に観察することも可能になります。

虫嫌いの先生は、教室に虫が這い出すことも防止できるので、このプリンカップに閉じ込めさせるとよいです。

飼育後は、放すことが大切ですが、近年、外来種が増え、在来種をおびやかしています。外来種は、外国からやってきた動植物だけではなく、その土地にいないものがやってくるだけで外来種となります。

田舎で捕まえた昆虫を都会で放せば、外来種になってしまう可能性があります。捕まえた昆虫は、元にいた場所に放すか、最後まで責任をもって飼うようにしましょう。

No. 52

生物単元

顕微鏡指導

実施学年：５年生以上 ｜ 準備物：顕微鏡、ノート、定規、食塩、広告など

ステップ1

「対物レンズを一番低い倍率にする」ことを教える

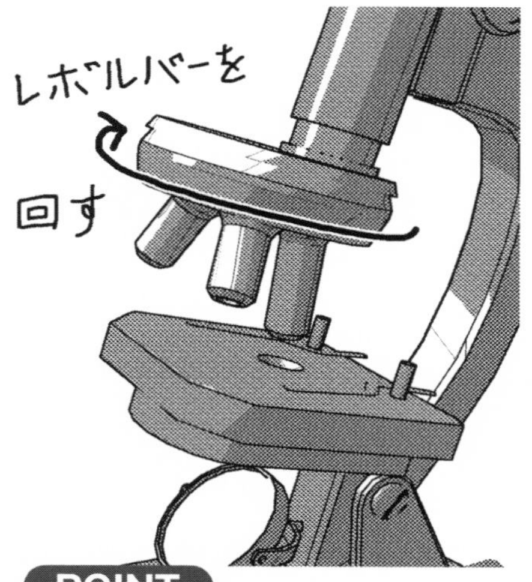

POINT

顕微鏡の最初の操作は、「対物レンズを一番低い倍率にする」ことです。教師は、このことを、教科書を読んで確認したり、デジタル教科書を活用したり、板書して指導したりするなど、テンポよく指導できる指導法を選択するようにしましょう。

ステップ2

各グループの全員が順番に操作するように伝える

POINT

子供たちに「対物レンズを一番低い倍率にする」ことを教えたら、子供たちに実際に顕微鏡の操作をさせます。顕微鏡がグループに１台ずつあるなら、グループ全員が順番に操作するように伝え、子供たちが全員習得できるようにします。教師はできた子を褒めるようにします。

[理科]

▶▶▶アドバイス

顕微鏡は小学校５年生で初めて扱います。教師が顕微鏡の操作の仕方を説明して、いざ子供たちが顕微鏡を操作し始めると、子供たちは操作が上手くできないものです。顕微鏡の操作を習得させるには、指導の順番があります。

ステップ3

１つ教え、見本を見せた後に子供たちが操作をする

POINT

教師が、顕微鏡の操作を細分化し、操作を１つ教えたら、教師が顕微鏡を操作して子供たちに見せます。そして、子供たちは教師と同じように顕微鏡を操作します。これを繰り返すだけで、子供たちはだんだんと顕微鏡の操作に慣れ、顕微鏡の扱いが上手くなっていきます。

解説

顕微鏡の操作を大まかに細分化すると次のようになります。

①対物レンズを一番低い倍率にする。
②反射鏡の向きを変えて視野を明るくする。
③スライドガラスをステージの上に載せる。
④対物レンズとスライドガラスの間隔を狭くする。
⑤間隔を広げながらピントを合わせる。

このように手順を要求される道具は、たくさん使わせることが大切です。一般的には、花粉の観察から始めますが、難しいので、初めは定規を観察することをお勧めします。定規の目盛りの５の数字を観察することで、顕微鏡を通すと向きが変わって見えることが明確に分かります。また、定規の目盛りを観察することで、どれだけ拡大されているのかを体感することができます。

さらに食塩や広告など、子供たちにとって身近なものを観察させます。こうすることで、子供たちは顕微鏡の観察に興味をもち、その後の花粉の観察などに意欲的に取り組むようになります。

No. 53

生物単元

昆虫嫌いを好きにさせる指導

実施学年：３年生以上 ｜ 準備物：アゲハやモンシロチョウの卵、幼虫、さなぎなど、虫眼鏡

パターン 1 本物に触れる機会を多く設定し、興味をもつきっかけをつくる

POINT

子供に植物や虫などに慣れる機会をつくることはとても大切です。草花を育てたり、できれば虫や小動物などを飼ってみたりすることが一番効果的です。学校に虫や小動物がいないようであれば、子供たちに家庭からできる範囲で持ってきてもらうのも方法の一つです。

パターン 2 飼っている生き物に名前を付ける

POINT

例えばチョウの卵や幼虫に「名前を付けて育ててね」と子供たちに伝えます。子供たちは、名前を付けると愛着が湧き、一生懸命世話をするようになります。虫かごに名札を貼ったり、観察日記に名前を書かせたりすると、子供たちはさらに意欲をもって育てようとします。

[理科]

▶▶▶アドバイス

どの子も教師が虫好きにさせるような指導の工夫を行わなければ、虫嫌いな子は虫嫌いなままになってしまいます。そこで、教師は様々な手立てを講じます。授業中でも、授業外でも意図的な指導が虫好きな子供たちを育てることになります。

パターン3 道具をそろえておく

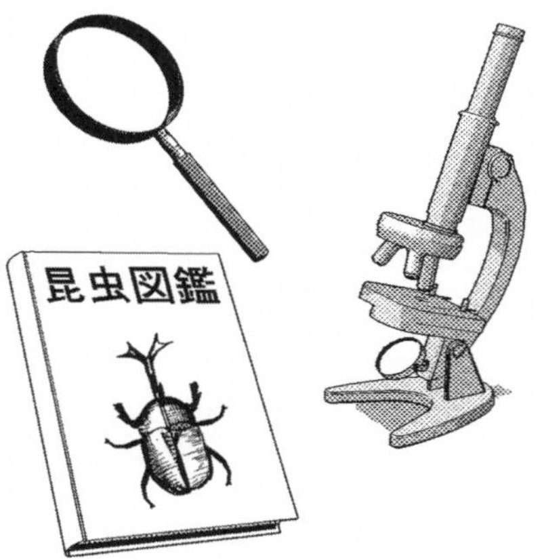

POINT

「観察しましょう」と単に伝えるだけでは、虫嫌いな子供たちはやる気になりません。そこで、虫眼鏡や図鑑、顕微鏡などを教室に置いておくと、授業中でなくても、子供たちは自然と観察するようになります。虫に興味をもつような環境をつくることが大切です。

解説

先述した方法以外にも、虫好きにする指導はたくさんあります。

①教師自身が「かわいい」という思いを子供たちに伝える。

教師が、実際に虫や小動物を触りながら、「かわいいね」「かわいいでしょう」などと子供たちに伝えます。また、子供の様子を見ながら手に乗せても大丈夫だと判断したら、手に乗せてあげます。こういった取り組みを続けていくことで、虫嫌いな子供たちも徐々に虫に慣れてきます。しかし、無理に触れさせようとすると、さらに虫嫌いが悪化する場合もありますので、子供の様子を見ながら無理はさせないようにしましょう。

②自然の美しさを体感させる。

昆虫の中で美しいものを拡大して見せるという方法があります。チョウの鱗粉やアゲハの卵など、実際に顕微鏡で見せたり、拡大し印刷したものを掲示したりします。教師が美しいと感動したものについて、その美しさを子供たちに伝えれば、子供たちは虫嫌いを克服するきっかけにもなります。ぜひ、様々な働きかけで虫好きな子供を育てましょう。

No.
54

地学単元

日なたと日かげの指導

実施学年：３年生 ｜ 準備物：筆記用具

ステップ 1

かげあそびをする

ステップ 2

かげあそびをして分かったこと、気付いたこと、思ったことを発表する

。かげのはんたいがわに
太ようがあった　上野
。人が動くとかげも動く。原田
。日なたは明るいけど、
日かげはくらい。中村
。日なたはあたたかいけど
日かげはすずしい。富田
。日かげの地面は、
しめっていた。山田
。日かげにはいると、自分の
かげはきえた。松丸
。全員同じほうこうに
かげがのびていた。すずき

POINT

単元の初めに「かげあそび」をします。可能であれば、教師も一緒になり、１時間たっぷりと遊ぶようにしましょう。子供たちはこの「かげあそび」を通して、どうしたら鬼に踏まれないかなど、かげの性質について体験を通して学ぶことができます。

POINT

たっぷりと遊んだ後に、「かげあそびをして、分かったこと、気付いたこと、思ったことをノートにできるだけたくさん箇条書きします」と指示をします。子供たちがある程度書けてきたら、黒板に書かせたり、発表させたりして、学級全体で共有します。

[理科]

▶▶▶アドバイス

理科の授業のポイントは、「子供が飽きるまで実物に触れさせる」ことが大切です。日なたと日かげの実験では、日なたと日かげの明るさや温かさの違いを体感させるために、たっぷりとかげあそびなどの活動の時間を確保しましょう。

ステップ3

子供たちから出た事柄を検証し、まとめる

POINT

次の時間は、子供たちから出てきた事柄について実験を通して検証していきます。日なたと日かげについて様々な実験をしたら、「日なたは○○で、日かげは△△である。」などと書き方を示し、ノートにまとめさせます。子供たちからは様々な考えが出てきます。

解説

ステップ1のかげあそびをする時期が、教科書の単元の配列によっては、天気の悪くなる季節であったり、日なたと日かげの気温差があまり感じられない時期になったりする場合があります。その場合には、単元を組み替えて実践するようにします。

ステップ2の「分かったこと、気付いたこと、思ったことをノートにできるだけたくさん箇条書きする」訓練は日頃から行っておきましょう。

ステップ3の子供たちから出た事柄を検証する場面では、ゲームなどを意図的に仕組んで、授業のねらいに迫るようにします。例えば、「1回笛が鳴ったらしゃがんで日なたを触ります。2回笛が鳴ったらしゃがんで日かげを触ります」というように、実際に地面を触って、温かさや湿り気の違いに気付かせるようにします。また、「日なたは○○で、日かげは△△である。」などと書き方を示し、ノートにまとめさせる場面では、「比較」という視点を明確にして、ノートにまとめさせるようにします。こうすることで、子供たちは「理科の見方・考え方」を働かせるようになっていきます。

No. 55

地学単元

月や星の観察の指導

実施学年：４年生 ｜ 準備物：爪楊枝、ノート、スチロール球（直径２cm）

ステップ1 スチロール球で月の見え方を確認する

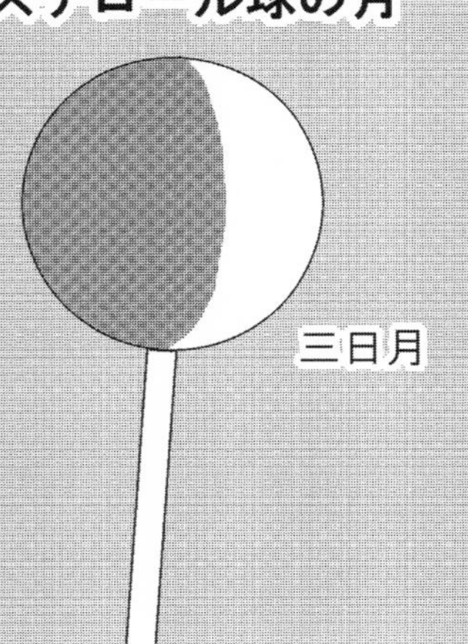

POINT

スチロール球に爪楊枝を刺し、半分を黒く塗り、もう半分を黄色に塗ります。黄色のところが、太陽に照らされた月の表面になるわけです。爪楊枝の軸を回すと月の満ち欠けが再現できます。

ステップ2 午前中の月を観察する

POINT

授業では午前中に見える白い月を観察させましょう。30分ごとに位置を確認すると月の動きが分かります。沈んでいく月なので、方角は西の方向と分かるわけです。この観察で月と方角が意識できます。

［理科］

▶▶▶アドバイス

月や星については、授業で興味・関心をふくらませ、「見たい！」「観察したい！」と思わせることが大切です。授業で楽しく模型作りや観察の方法を押さえておけば、家庭学習につながります。

ステップ3

月齢カレンダーを作る

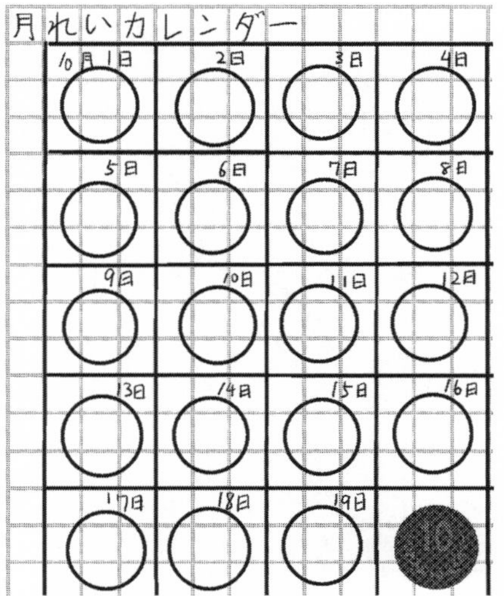

POINT

ノートに３㎝の正方形でカレンダーの枠をかきます。その中に10円玉を使って円をかかせていきます。月になるわけです。学校や家で見た月の形を記録させ、月齢カレンダーを作ります。

解説

月は、太陽と同じように東からのぼり、西にしずみます。難しいのは、太陽と同じように明け方から夕方にと決まっていないことです。

また、満ち欠けがあるので一定ではありません。

方角が分かれば、月の動きが分かります。月の動きが分かれば、方角が分かるわけです。

昔から、月は人々を魅了してきました。「徒然草」の第212段では、次のように書かれています。

秋の月は、限りなくめでたきものなり。いつとても月はかくこそあれとて、思ひ分からざん人は、無下に心憂かるべきことなり。

（秋の月はこの上なく素晴らしいものである。いつだって月はこのようなものであるといって、違いが分からない人は、ひどく情けないものであろう。）

月の俳句や短歌の紹介も子供たちにとっては、よい刺激になります。

No. 56

地学単元

流れる水のはたらきの指導

実施学年：５年生 ｜ 準備物：給水スポンジ、容器（タッパー、ビンなど）

ステップ 1

給水スポンジを切ってビンに入れる

POINT

給水スポンジを２㎝角くらいにカッターで切ります。これが石です。４～５個くらいをビンやタッパーに入れます。この容器が川です。全て入れずに１つは比較のために残しておきましょう。

ステップ 2

回数を決めてビンを振る

POINT

ビンやタッパーに水を７割くらい入れて振ります。運搬です。

４人の班なら、１人に１容器で50回、100回、150回、200回と決めます。回数が多いほど下流に近い状態を意味します。

[理科]

▶▶▶アドバイス

流れる水のはたらきでおさえるのは、侵食、運搬、堆積の３つです。モデル実験を行うことで理解が深まります。ここでは、給水スポンジを使って、「川原の石が丸くなるなぜか？」のモデル実験を紹介します。

ステップ

3 初めの大きさ、振った回数で比較する

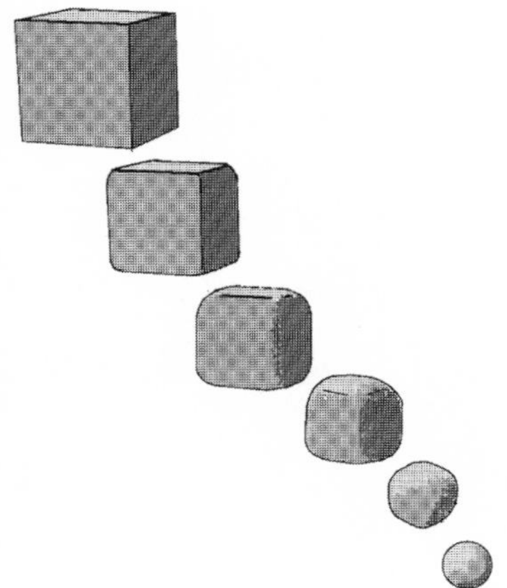

POINT

初めの給水スポンジ、50 回、100 回、150 回、200 回の形の変化を調べさせます。

上流から下流へ流されていく間の石の大きさの変化や丸くなる様子がよく分かります。

解説

本物の川には様々な形の石があります。

なぜいろいろな形があるのでしょうか？

謎を解くために、給水スポンジを自由な形に切り、ビンやタッパーに入れさせます。

給水スポンジは、全て容器の中には入れずに、初めの形を比較できるように残しておきましょう。

カラーの給水スポンジで行うと、石の様々な色の違いを再現することができます。

応用として、三角州、三日月湖などの写真を提示して、どのようにしてできたのかを考えさせましょう。侵食、運搬、堆積の言葉を使って子供たちに説明させます。

実験を通して流れる水のはたらきがより理解できます。

No. 57

物理単元

教材キットの初期指導

実施学年：全学年 ｜ 準備物：教材キット

ステップ 

1 教材キットの中身を全て出す

POINT

教材キットが全員に行き渡ったら、「中身を全て出します。袋の中のものも全てです」と指示をします。子供たちはキットの中身が気になって仕方がないはずです。そのため、最初にキットの中身を全て出させ、学習の見通しをもたせるようにします。

ステップ 

2 部品を１つずつ確認しながら名前を書く

POINT

中身を全て出させたら、部品１つ１つに名前を書かせ、袋やキットの箱に戻していく作業をします。名前を書くことで部品を落としても確実に持ち主に戻すことができます。また、学級で一斉に確認しながら名前を書くことで、足りない部品なども確認することができます。

[理科]

▶▶▶アドバイス

新しい教材キットを子供たちに配る際には、教師がしっかりとマネジメントをしないと子供たちは教師の話を聞かず、自分本位でキットを使い始めます。そうならないためにも、指示の内容や作業の順番に気を付ける必要があります。

ステップ3

部品に名前を書いたら、1つずつ戻し、必要なものだけ残す

POINT

部品を戻す際には、授業で使うものだけが机の上に残るように指示をしていきます。授業に関係ないものがなくなることで、不要なトラブルを避けることができます。また、特別支援を要する子の中には片付けが苦手な子もいるので、効果的な支援にもなります。

解説

中学年では、「風やゴムのはたらき」「明かりをつけよう」「磁石のはたらき」など、教材キットを使用する場面は多くあります。そこで、左記に示した3つのステップで指導をしていくことで、子供たちはやることが分かり、教師の指示がなくても中身を出して、名前を書くようになります。これは子供たちが学習の見通しをもてていることを意味します。

また、教材キットを配る際には、焦らして演出するのも効果的です。

「教材キットが欲しい人？」「はい！と言った人にはあげません」「手を下ろして。ベタベタっと音がしたからあげません」「もう一度聞きます。欲しい人？」などと、子供たちとの楽しいやりとりをしながら、子供たちの気持ちを高めていきます。こうすることで、教材キットが手に入っただけで子供たちは喜び、教材キットに興味が高まったり、キットを大切にしようとしたりします。ただ、毎回これをやってしまうと、子供たちは飽きてしまいますので、配慮が必要です。

教材キットを配るだけでも、大切な学習の要素が含まれています。楽しい雰囲気を教師がつくり出しましょう。

No. 58

物理単元

ほんのちょっと理論

実施学年：３年生以上 ｜ 準備物：特になし

ステップ1 

選択肢の中に「ほんのちょっと」を入れる

長いエナメル線で電球をつけます。

A　つく
B　かすかにつく
C　つかない

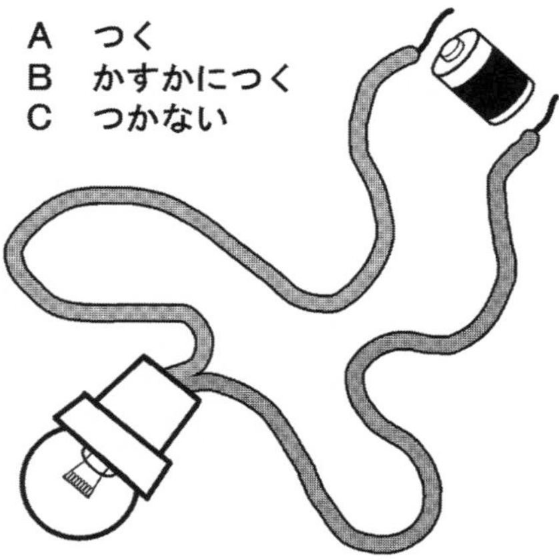

ステップ2 

単元で繰り返し「ほんのちょっと」を入れる

電池２つの並列つなぎと直列つなぎ

A　２倍明るい
B　少し明るい
C　乾電池１個のときと同じ
D　つかない

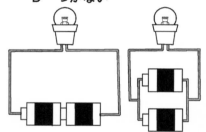

POINT

二者択一ではなく、「ほんのちょっと理論」を入れることで意見が分かれ楽しい授業になります。子供は「かすかにつく」という選択肢が入るだけで「本当はどうなのだろう？」と思考がゆさぶられます。

POINT

単元の中で繰り返し「ほんのちょっと」というキーワードを入れて子供たちに問い続けます。単元でのポイントがつかめていくと、「ほんのちょっと」という思考が減っていきます。意見の根拠がはっきりしていくからです。

[理科]

▶▶▶アドバイス

ほんのちょっと理論とは、予想を立てさせるときに選択肢の中に「ほんのちょっと」という言葉を入れます。自分の意見の根拠が弱いときほどこの言葉にゆさぶられます。選択肢を工夫することで知的な発問になります。

ステップ3 

発展させ「ほんのちょっと」を入れる

豆電球2個の直列つなぎと並列つなぎ

A　ふつうにつく
B　暗くつく
C　つかない

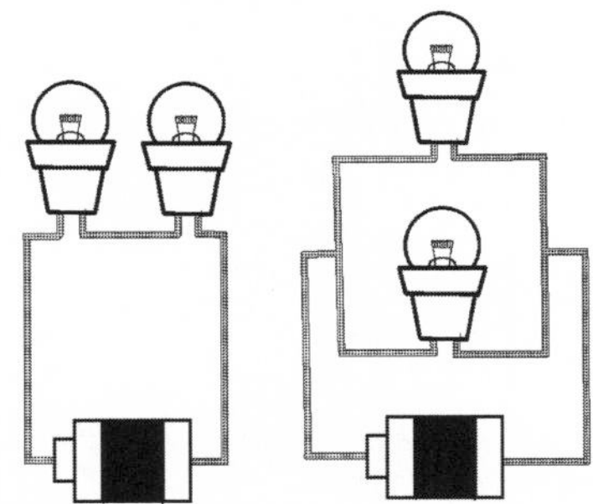

POINT

「少し」や「ちょっと」という言葉だけでなく、他の言葉でも様々な選択肢を考えることができます。子供たちが迷いそうな選択肢を問いの中に入れることで、子供たちをゆさぶり、単調な授業を活性化することができます。

解説

選択肢の作り方です。

まず、正答があります。

次に、相対する誤答があります。

そして、誤答か正答に、「ほんのちょっと」というキーワードを付け加えれば出来上がりです。

３択が基本ですが、さらに迷わせたり、子供の意見を引き出したりするために「その他」という選択肢を入れるとよいでしょう。

モンシロチョウの幼虫は、生まれた後に卵の殻を食べます。「もし、食べる前にとってしまったら？」という問題を３年生に出しました。

A　食べなくても育つ。

B　ほんの少し育つ。

C　育たない。

D　その他

飼育をしながらの実験になります。私の学級では、殻を食べない幼虫も無事にチョウになりました。

食べるのは、栄養があるからというより、天敵から身を守るためなのかもしれませんね。

No. 59

化学単元

点火器具の使い方指導

実施学年：４年生 ｜ 準備物：マッチ、アルコールランプ、燃えさし入れ、濡れた雑巾

ステップ1

「火の用心四か条」を暗記する

いすを中心に入れ、全員立って実験する
濡れぞうきん、マッチの燃えさし入れを用意する
机の上に余計なものを置かない
万一、事故が起きても騒がないあわてない

POINT

「火の用心四か条」とは、次の４つです。①椅子を中に入れ、全員立って実験をする。②濡れ雑巾、マッチの燃えさし入れを用意する。③机の上に余計なものを置かない。④万一、事故が起きても騒がない、あわてない。

この４つを子供たちに暗記させます。

ステップ2

マッチの使い方のパフォーマンステストを行う

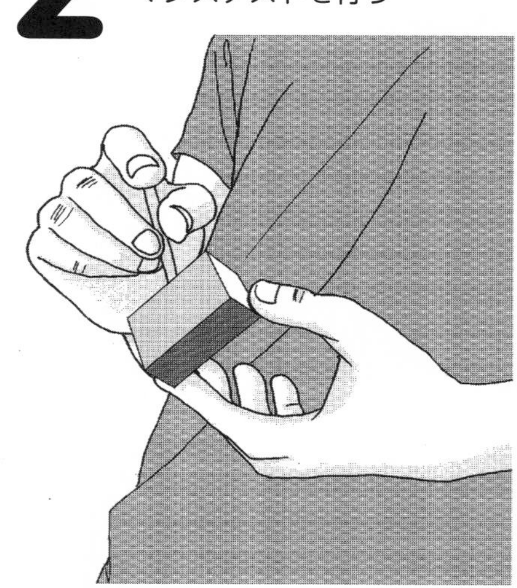

POINT

マッチの使い方テストの合格条件は次の３つです。

①火の用心四か条を暗記しているか。
②正しくマッチの火をつけられるか。
③火をつけたまま10秒以上持っていられるか（炎の大きさをコントロールできているか）。

[理科]

▶▶▶アドバイス

子供たちに火を扱う経験をさせることはとても大切です。火を扱う実験の指導をする際には、教師の意図的、計画的な指導が特に重要になってきます。子供たちには、スモールステップで火を扱う実験に取り組ませるようにしましょう。

ステップ 3 アルコールランプの使い方の指導をする

POINT

アルコールランプの安全四か条は次の通りです。

①アルコールの量は、七、八分目まで。

②もらい火をしない。

③アルコールランプの火はよく見えない。やけどに注意する。

④ふたをそっとかぶせて火を消す。

解説

火を扱う実験では、小森栄治氏が提唱した「火の用心四か条」を暗記させます。その後に、マッチの使い方の実習を行います。子供たち全員に習得させるために、マッチの使い方テストを実施します。教師１人でチェックをしていると、時間がかかるので、合格した子供たちを審査員として実施することも可能です。

そして、マッチの使い方を学んだ後は、アルコールランプの使い方の学習をします。まず、アルコールランプの安全四か条(ステップ３の POINT 参照)を説明し、アルコールランプの使い方について実演しながら説明していきます。説明を終えた後に、アルコールランプの使い方テストを実施します。

アルコールランプの使い方の合格条件は以下の通りです。

①使用前の点検ができているか。

②正しく火をつけられるか。

③正しく火を消せるか。

合格のポイントをテスト前に子供たちに示しておきます。こうすることで、子供たちはポイントを意識してテストに臨むことができます。

No. 60

化学単元

水溶液の指導

実施学年：６年生 ｜ 準備物：クエン酸、重曹、BTB 液

ステップ 1

透明プラスチックコップに入った緑色の色水を見せる

POINT

「メロンソーダです」と言って、透明プラスチックコップに入った緑色の色水を子供たちに見せます。この液体はBTB液です。子供たちに見せるときは、教師の周りに集合させてもよいし、実物投影機などを使って、スクリーンに映し出しても構いません。

ステップ 2

もう１つの空のコップに注ぐ

POINT

もう１つの空のコップに注ぎ込むと、入った途端に青色になります。「メロンソーダがブルーハワイになりました」と言って２つのコップを掲げて見せます。このコップには、ほんの少し重曹を入れておきます。重曹はごくわずかにして、子供たちに気付かれないようにします。

[理科]

▶▶▶アドバイス

本単元での主なねらいは、「酸性、アルカリ性のような水溶液には様々な性質があること」を理解することです。導入で、簡単、きれい、感動の３Ｋ実験で子供たちを惹きつけます。小森英治氏の実践です。

ステップ３

３つ目のコップに青色の水を注ぐ

POINT

３つ目のコップに青色の水を注ぎ込みます。すると今度は、黄色に変化します。「ブルーハワイから、レモンスカッシュになりました」と子供たちに伝えます。このコップには、ごくわずかな量のクエン酸を入れておきます。鮮やかな色の変化に子供たちは驚きます。

解説

３つのステップで導入した後に、自由に混ぜ合わせる実験をします。

クエン酸を入れた黄色のBTB液から重曹を入れてもなかなか色は変わりません。しかし、逆に重曹の入った水溶液は微量のクエン酸で色が変化します。

このことから、子供たちは酸性、アルカリ性にも強さがあることを体感できます。また、酸性とアルカリ性が中和され、緑色になるときがあります。

教師は、緑色になったグループの子供たちを褒め、学級全体に紹介します。

これらの実験を通して子供たちは、酸性とアルカリ性、中性の３つの性質について理解することができます。

重曹もクエン酸も100円ショップで販売しています。どちらも手で直接触っても安全です。

小学校６年生の水溶液の実験で初めて劇薬を扱う子供たちがいると思います。その際には、劇薬の危険性について教え、安全眼鏡をかけさせるなど、安全に実験させるようにしましょう。

また、劇薬もできるだけ、安全に管理するようにしましょう。

No. 61

基礎基本

地名探しの指導

実施学年：３年生以上 ｜ 準備物：地図帳

ステップ 

1 基本的な「地名探し」のやり方を教える

POINT

教師は、「地図帳の〇ページを開きます。第１問。茨城県、笠間市。見つけたら立ちます」と指示を出します。子供たちが次々と立つので、「１番、２番……」と順位を伝えていきます。立った子には、「笠間市の書いてあるところを赤鉛筆で囲みます」と指示をします。

ステップ 

2 子供たちで進めていくシステムを教える

POINT

ステップ１で地名探しのやり方を覚えさせたら、「１番に見つけた子供が、次の問題を出題できる」というシステムを教えます。「１番に立った人が次の問題を出します。神奈川県、横浜市」と教師が１問目を出し、２問目以降は子供たちで出題していきます。

[社会]

▶▶▶アドバイス

「地名探し」の指導は、大きく３つのステップがある。１つ目は、教師が変化のある繰り返しで、問題を出題していく方法。２つ目は、子供たちだけで「地名探し」を進めていく方法。３つ目は、索引を活用し、検索技能を高めていく方法です。

ステップ３ 索引を活用した地名探しのやり方を教える

POINT

ステップ１と２である程度、地名探しに慣れたら、どこから出題してもよいことにします。「見つけたら立つ」「赤鉛筆で囲む」「１番に立った人が次の問題を出題する」などのシステムができている状態です。ここで索引を活用して地名を探している子を大いに褒めます。

解説

ステップ１では、変化のある繰り返しで指導していくことがポイントです。教師は、全員が地名を見つけていなくてもある程度の子供が立ったら、次の問題を出題します。１時間の授業で３問程度出題します。

ステップ２では、「１番に立った子を教師がしっかり見ておき、順位を伝えること」が大切です。ここを子供たちに任せてしまうと、トラブルの原因になります。また、１番に見つけることに夢中になり、赤鉛筆で地名を囲むことを忘れる子供もいるので、赤鉛筆で囲んでいるかをお隣さんと確認させるのも定着させるための効果的な指導です。

ステップ３では、索引を活用することに気付くまでに、ページをめくって地道に地名を探している子供がいます。これも認めて、褒めてあげましょう。その上で、索引を活用している子を大いに褒め、学級全体に索引を活用する方法を定着させていきます。

子供たちは地名探しを楽しみし、授業開始前から地図帳の準備をするようになります。また、年間を通して毎時間行うことで、検索機能も向上していきます。

No. 62

まち探検の指導

実施学年：３年生 ｜ 準備物：地域の白地図、まち探検ノート、筆箱もしくは鉛筆２本と消しゴム、探検ボード

ステップ1 まち探検ノートを作成する

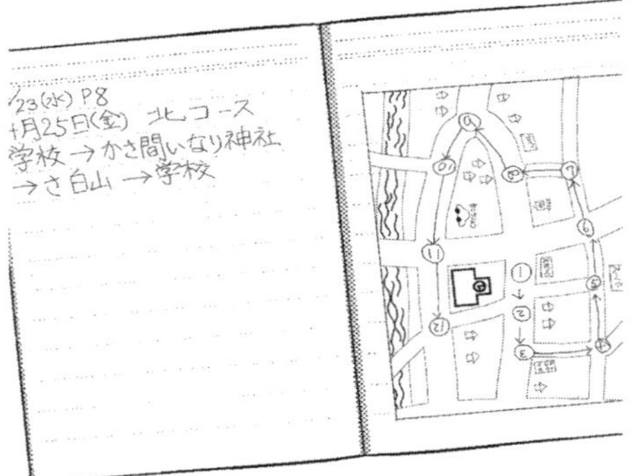

POINT

ノートは、必ず見開きで使用します。左側のページには、日付、ページ数を書かせた後に、「４月25日（金）北コース　学校→笠間稲荷神社→佐白山→学校」などと探検の日時とコースを書かせます。そして、事前に作成した地域の白地図を左側のページに貼らせます。

ステップ2 持ち物を確認する

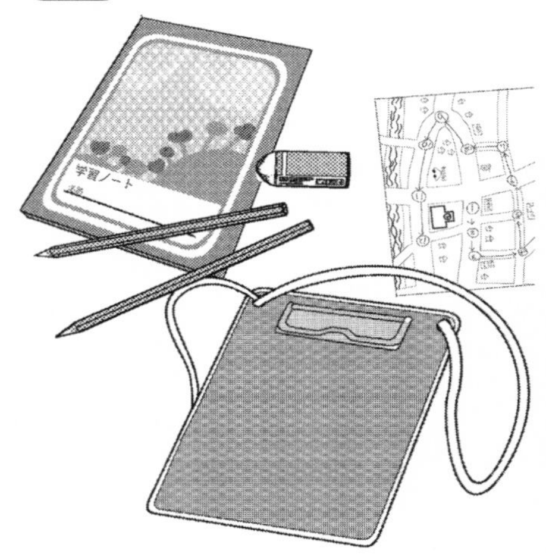

POINT

持ち物は次のようになります。
①地域の白地図
②まち探検ノート
③筆箱もしくは鉛筆２本と消しゴム
④探検ボード

教師はデジタルカメラを用意しておくと事後の学習に役立ちます。

[社会]

▶▶▶アドバイス

まち探検の成功のポイントは、事前の準備をどれだけ行うかです。出かける前に、学校の屋上から東西南北を眺め、意欲付けをしたり、まち探検ノートを作成したりして、子供たちに活動の目的や調べる観点を教えておくと充実した学習になります。

ステップ3 実際にまち探検を行い、調べる

POINT

調べてくる観点はおおよそ以下のようになります。

①分かったこと、気付いたこと、思ったこと
②多いもの、目立ったもの
③学校よりも土地は高いか、低いか
④まちの人たちのようす　など

解説

ステップ１では、左側のページに日付やコースを書き、地域の白地図を貼らせます。その際に、白地図にコースのチェックポイントとなる箇所に番号を書かせます。こうすることで、実際にまち探検をした際に、「今、○番の所にいますよ」などと、現在地を確認することができます。また、ノートの右ページには、ステップ３で示した内容を箇条書きで書かせるようにします。

ステップ２では、子供たちの持ち物を指定することが大切です。最低限必要なものを持たせ、移動中は子供たちの両手が空くようにします。安全に十分注意させることや交通ルールを守らせることも大切な指導となります。

ステップ３では、調べる観点に即してノートの右ページにどんどん書かせていきます。安全な場所でノートに書く時間を設けたり、チェックポイントでノートをまとめさせたりして、ノートにたくさん書かせるようにします。教師が、たくさん書いた子を褒めたり、驚いたりすることで子供たちも意欲的になります。

写真の読み取りの指導

実施学年：３年生以上 ｜ 準備物：教科書（資料）、ノート

ステップ1

１枚の写真を見せ、課題を示す

POINT

教師は１枚の写真を見せながら、「この写真を見て、分かったこと、気付いたこと、思ったことをできるだけたくさんノートに箇条書きしなさい」と子供たちに指示をします。その際に、ノートに書く時間を５分以上確保するようにします。たくさん書かせることが大切です。

ステップ2

黒板に書かせ、評定をする

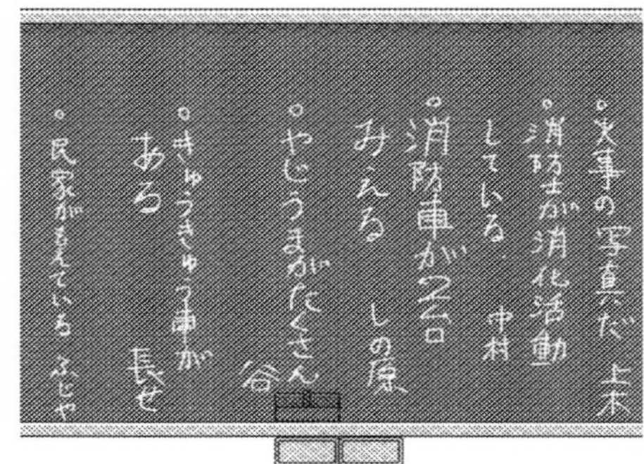

POINT

子供たち全員に自分の意見を黒板に書かせます。そして、発表させます。どんな意見でも認め、褒めるようにします。最初は「〜がある」「〜がいる」という意見が多く出てきますが、評定を繰り返し行うと変化してきます。評定の基準は、No.69に詳しく書いてあります。

[社会]

▶▶▶アドバイス

教師は、写真の読み取りの際に雪小モデルを活用しながら、「見方・考え方」を働かせる意図的な発問をします。こうすることで、子供たちは写真の読み取りを繰り返していく中で、様々な「社会的な見方・考え方」を働かせるようになります。

ステップ3 

新しい見方・考え方を与える発問をする

		目についたこと	くらべたこと
もの・形 ～がある ～が大きい、白い	①人 ②建物 ③のりもの ④山・川・自然 ⑤道具・機械 ⑥かんばん ⑦その他	A	E
分布 ～が多い、少ない、いっぱい		B	F
地域的、空間的なこと どこ、どちらむき		C	G
時代的、時間的なこと いつ、何時		D	H
その他		I	

POINT

向山洋一氏が提案した子供の意見を分類する表があります。この「雪小モデル」を参考に、子供たちから出てこなかった観点について発問をします。Cの観点ならば、「この写真はどちらの方角から撮ったものですか？」などと発問し、子供の読み取り能力を育てていきます。

解説

ステップ1の初期の段階では、なかなか意見が出てこない子供がいます。その場合には、早く書けた子供に意見を発表させ、モデルを示していきます。また、「○個書けたら○年生レベル」「○年○組全員で、○○個を超えたいな」などと、教師が子供たちの意欲を引き出す言葉掛けをすることで、学級全体が盛り上がっていきます。

ステップ2では、黒板に書かせる際に同じような意見が並ぶことがあります。その場合には、教師が「まだ出ていない意見を書きます」などと伝えることで、多様な意見が出てくるようになります。また、「分布（～が多い、少ない、いっぱい）」「地域・空間的なこと（どこ、どちら向き）」「時代的、時間的なこと（いつ、何時）」「その他」のような意見や比べている意見を書いている子がいたら取り上げて大いに褒めるようにします。

ステップ3では、子供たちの意見からなかなか出てこないような観点を教師が発問することで、子供たちは次の読み取りの際にその観点から写真を読み取るようになります。このことは、社会的な見方・考え方を育てることになります。

No. 64

資料の読み取り指導

グラフの読み取りの指導

実施学年：５年生 ｜ 準備物：教科書、ノート、資料集

ステップ1

グラフの基本要件である「3つ」を確認する

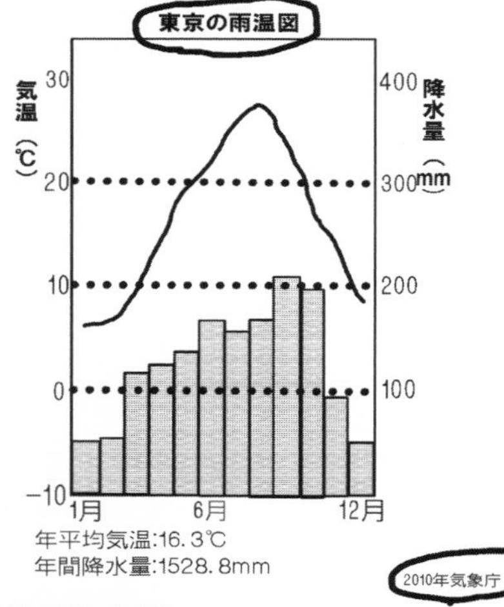

POINT

最初にグラフの「３つ」の基本要件を確認します。

①表題（タイトル）は何ですか。

②出典は何ですか。

③年度はいつですか。

グラフが出てくるたびに、毎回この３つのことを確認するようにしましょう。

ステップ2

グラフの基本要件である「２つ」を確認する

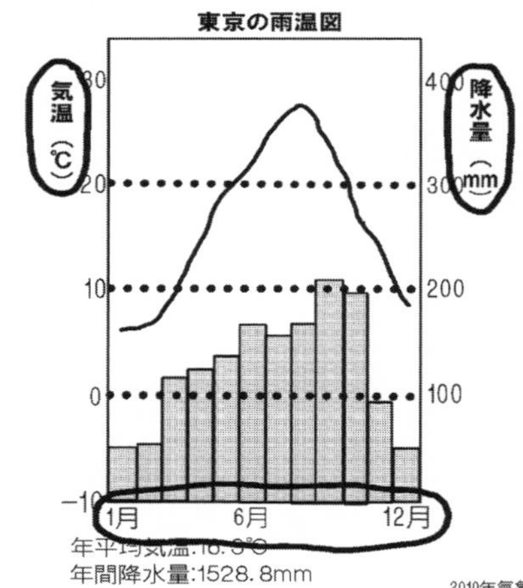

POINT

次にグラフの「２つ」の基本要件を確認します。

①縦軸は何を表していますか。
（単位は何ですか。）

②横軸は何を表していますか。
（単位は何ですか。）

学級全体で確認するようにします。

[社会]

▶▶▶アドバイス

グラフの読み取りの指導法のキーワードは、「3つ」「2つ」「5つ」です。グラフが出てくるたびに、毎回同じ発問をすることで、初めはグラフを読み取ることが難しかった子供たちも次第に読み取ることができるようになってきます。

ステップ3

「5つ」の観点からグラフの変化を読み取る

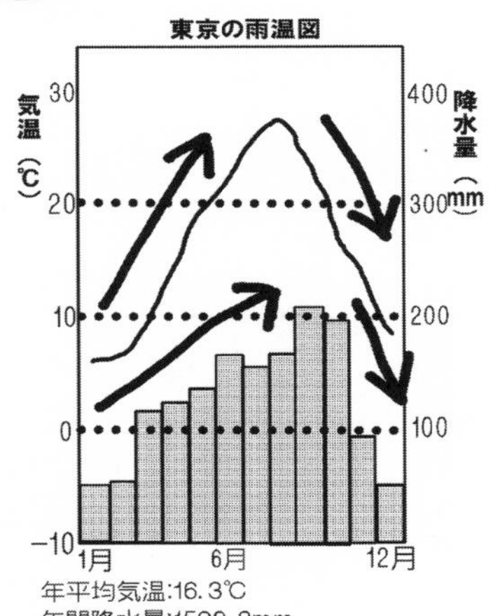

POINT

最後に「5つ」の観点からグラフを読み取らせます。

①上がっている
②下がっている
③急激に上がっている
④急激に下がっている
⑤変化なし

解説

〈実践例〉

教師：グラフのタイトルは何ですか。
子供：農業で働く人の数の変化
教師：出典は何ですか。
子供：農林水産省
教師：年度はいつですか。
子供：不明・書いていない。
教師：縦軸の単位は何ですか。
子供：人
教師：横軸の単位は何ですか。
子供：年
教師：全体的に見て、どのように変化していますか。
子供：だんだん減ってきている。
教師：減ってきている原因を教科書の中から探して線を引きます。1つ線を引けたら持ってきます。

子供たちは次々に教科書を持ってきます。そして最後に学級全体で、原因を確認します。

このような基本的なグラフの読み取り方を何度か授業します。そうすることで子供たちは読み取るスピードが速くなってきます。これは、知識を暗記させているのではなく、「学習の方法」を指導していることになるからです。

No.
65

表の読み取りの指導

実施学年：５年生以上 ｜ 準備物：教科書、ノート、資料集

ステップ 1

資料を追い読みさせる

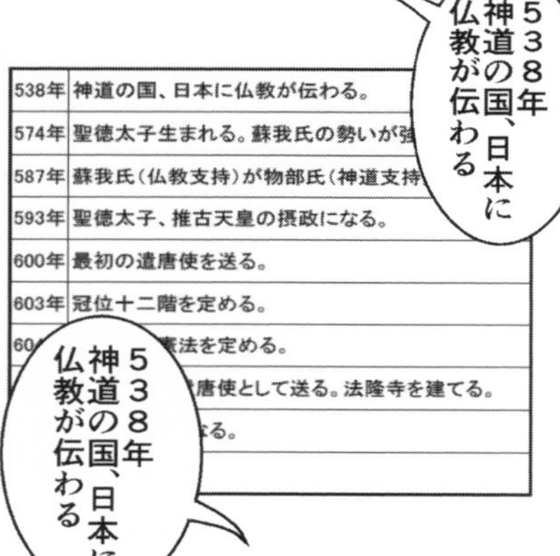

５３８年 神道の国、日本に仏教が伝わる
538年 神道の国、日本に仏教が伝わる。
574年 聖徳太子生まれる。蘇我氏の勢いが強
587年 蘇我氏（仏教支持）が物部氏（神道支持
593年 聖徳太子、推古天皇の摂政になる。
600年 最初の遣唐使を送る。
603年 冠位十二階を定める。
法を定める。
唐使として送る。法隆寺を建てる。
る。
５３８年 神道の国、日本に仏教が伝わる

ステップ 2

大切な所を指で押さえて確認する

POINT

　年表を活用して授業を展開する場合は、追い読みをさせながら読み取りをしていきます。

教師：「538年　神道の国、日本に仏教が伝わる」

子供：「538年　神道の国、日本に仏教が伝わる」

POINT

　大切な所は指で押さえて確認します。

教師：「574年　聖徳太子生まれる」

子供：「574年　聖徳太子生まれる」

教師：「資料に聖徳太子が出ています。指で押さえます」

子供：(指で押さえる)

教師：「お隣同士確認をします」

子供：(確認する)

[社会]

▶▶▶アドバイス

変化を示している表の場合は、基本的にグラフの読み取り指導と同じように行います。しかし、年表や数値の変化を示していない表を読み取らせる場合には、「追い読み」をさせながら、部分的にワンポイント解説をしていくことで読み取らせていきます。

ステップ3 ワンポイント解説をする

蘇我氏は仏教支持者です

POINT

教師：「蘇我氏の勢いが強くなる」
子供：「蘇我氏の勢いが強くなる」
教師：「蘇我氏は仏教支持者です」
（ワンポイント解説を入れます）

このような形で読み取らせていきます。最後に読み取ったことや授業で学んだことなどをノートにまとめさせます。

解説

教師：「一番たくさん生産されている野菜は何だと思いますか」

野菜の生産量について予想させます。資料を配付し、グラフの読み取り指導法で読み取らせます。そして、ノートに答えを書かせ、発表させます。答えを確認した後に、「だいこん」の生産地ベスト３を表から読み取らせます。

教師：「生産量第１位の『だいこん』の生産地ベスト３を調べます」

表の読み取り指導法で表を読み取らせます。調べたことをノートに書かせ、書けた子からノートを持ってこさせます。

終わった子には第２位の「キャベツ」についても調べさせ、ノートに書かせます。ある程度の子供たちがノートを持ってきたら、書いている途中の子もノートを持ってこさせます。その後に、「だいこん」の生産地ベスト３を発表させ、正しく調べられていたか各自確認させます。さらに、第２位の「キャベツ」、第３位の「たまねぎ」などの生産地についても発表させます。最後に授業で学んだことをノートにまとめさせます。このように応用可能な指導法です。

No.
66

資料の読み取り指導

絵の読み取りの指導

実施学年：３年生以上 ｜ 準備物：教科書（資料）、ノート

ステップ1

絵を見せながら課題を示す

POINT

写真の読み取りと同じように、教師は１枚の絵を見せながら、「この写真を見て、分かったこと、気付いたこと、思ったことをできるだけたくさんノートに箇条書きします」と子供たちに指示をします。箇条書きにすることで、子供たちに数値目標をもたせることができます。

ステップ2

黒板に書かせ、評定をする

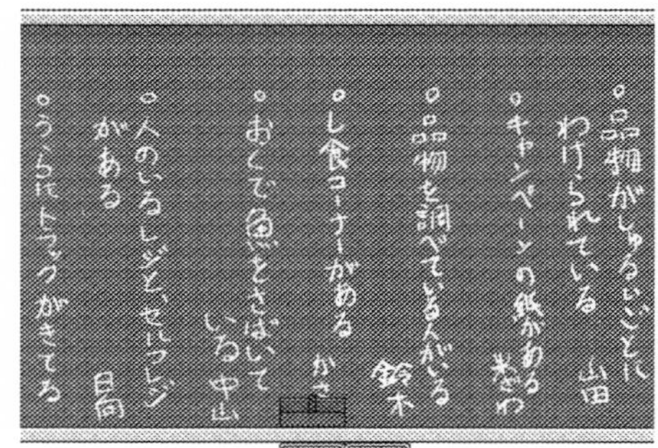

POINT

箇条書きにすることで、多くの子が黒板に意見を書くことができます。３つ意見を書けたら子供たちにノートを持ってこさせ、その中の１つを黒板に書かせます。黒板に意見がある程度書かれたら、一度ノート作業をやめさせ、端から次々に発表させ、評定をしていきます。

[社会]

▶▶▶アドバイス

写真の読み取りと同様に指導していくことで、子供たちは資料の読み取り能力を高めていきます。また、ノートに自分の意見をたくさん書き、黒板に書いて、発表するという一連の活動をすることで子供たちに大量の情報が蓄積されていきます。

ステップ3 もう一度ノートに意見を書く

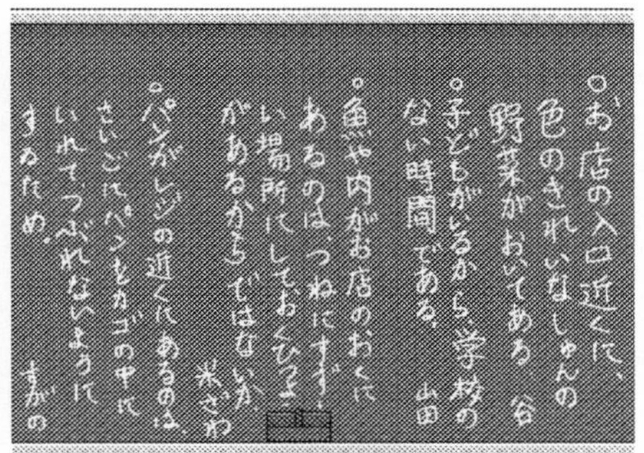

POINT

子供たちの意見を評定した後にもう一度ノートに意見を書かせます。すると、子供たちの意見は必ず変化します。子供たちは再度書く作業を通して、どのような視点で情報を読み取るのかを学んでいくのです。また、教師の発問で他の見方に気付かせる場合もあります。

解説

写真の読み取りと基本は同じです。

「この絵を見て、分かったこと、気が付いたこと、思ったことをノートに箇条書きします」

この「分かったこと、気が付いたこと、思ったこと」という順序には深い意味があります。

社会科において「分かったこと」とは、「因果関係が分かる」ということです。「〜によって〜が変化する」というような事象を指摘することが「分かる」です。

次に「気が付いたこと」とは、「社会的事象に気付く」ということです。これは、単に事象に気が付けばよいのです。つまり、「○○がある」「△△がある」のように、何でもよいから事象の変化に気付けばよいということです。このことは、先述した「分かる」に比べて難易度は下がります。

最後の「思ったこと」は、文字通り思ったこと全てが認められます。極端にいえば、社会科に関係ないことでも、思ったことであればよいのです。

このことにより、ノートに何も書けない子でも安心して意見が書けるようになります。

No. 67

資料の読み取り指導

２枚の写真の比較の指導

実施学年：３年生以上 ｜ 準備物：２枚の写真資料

ステップ 1

２枚の写真を比較する

POINT

２枚の写真を子供たちに与えると、子供たちは資料の「比較・吟味」を始めます。写真の提示の仕方には、２枚同時に提示したり、１枚提示し、その後にもう１枚提示したりするなどの工夫があります。また、２枚の写真を選ぶ際には、変化が分かりやすいものにしましょう。

ステップ 2

どのような変化が起きたかを確認する

1. 昔の写真だ
2、何年くらい前の写真か.
3、アは階段があるけど、イはない.
4、アの階段は何のためにあるのか.
5、アは屋根が平らだけど、イはとがってる.
6、イの屋根がとがっているのは、雪がつもらないようにするためではないか.
7、イの写真は、雪国の写真だと思う.
8、雪がつもるとドアがひらかなくなるのではないか.
9、アのように階段があるほうが、雪がつもっても、ドアがひらく気がする.
10、アもイも どちらも雪国の写真ではないか.
11.

POINT

２枚の写真を子供たちに与え、「２枚の写真を比べて、分かったこと、気が付いたこと、思ったことをノートにできるだけたくさん箇条書きします」と子供たちに、指示をします。子供たちに意見を発表させる際には、２枚を「比較・吟味」した意見を発表させるようにします。

[社会]

▶▶▶アドバイス

２枚の写真を提示すると、子供たちは比較を始めます。この比較から様々な問いや疑問が子供たちの中に生まれ、様々な問題意識に変化していきます。２枚の写真を比較する指導には、写真選びだけでなく、提示や発問にもポイントがあります。

ステップ３ 変化の原因を調べる

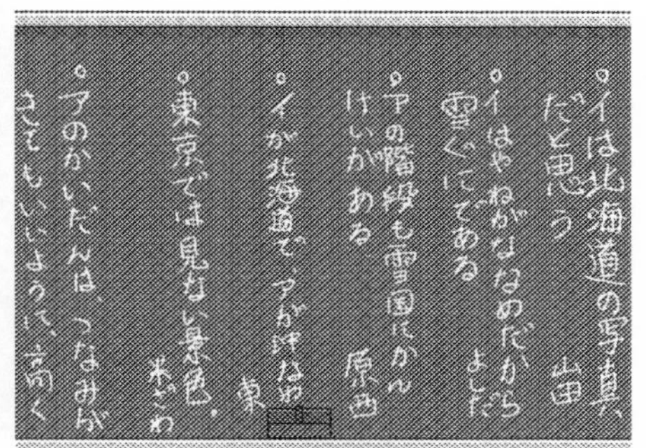

POINT

子供たちから出てきた意見の中に、本時のねらいに迫るような疑問や問いがあったら、必ずその意見を取り上げ、その理由を教科書や資料などから調べさせます。このような問題解決型の授業を展開していくことで、子供たちは問いを見出し、調べる力が付いていきます。

解説

２枚の写真を提示すると、子供たちは写真の変化から問題意識をもつようになります。「変化前と変化後の間に何があったのか」など、子供たちには様々な疑問や問いが生まれてきます。

ここでポイントになってくるのが、次の３つです。

①資料選び

教師は子供たちにとって「社会的事象の変化」が捉えやすいものを選択する必要があります。

②資料を提示するタイミングや順番

２枚の写真を一度に提示し、子供たちに比較・吟味させる方法があります。その一方で、１枚目の写真を十分に読み取らせた後に、２枚目の写真を提示し比較・吟味させる方法もあります。これは授業のねらいや子供たちの実態に合わせて提示する方法を工夫するようにしましょう。

③発問・指示の工夫

「写真Ａと写真Ｂを比べて、変だな、どうしてかなと思うことを箇条書きしなさい」など、子供たちに疑問や問いを生み出させる発問や指示の工夫をします。

No.
68

資料の読み取り指導

２つのグラフの比較の指導

実施学年：４年生以上 ｜ 準備物：２つのグラフ資料

ステップ 1

グラフの読み取りの指導（No.64）を行う

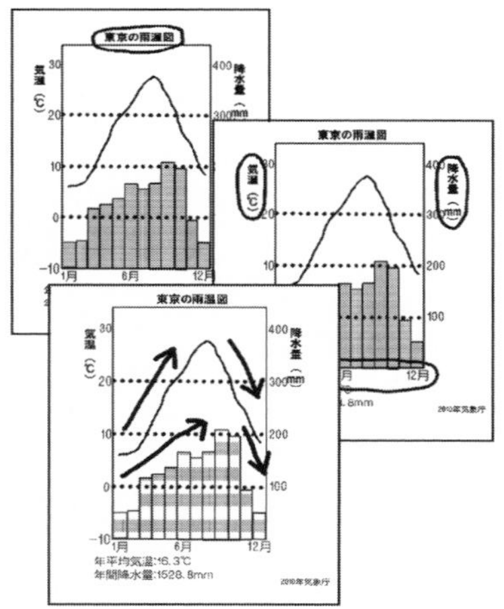

ステップ 2

２つのグラフを比較する

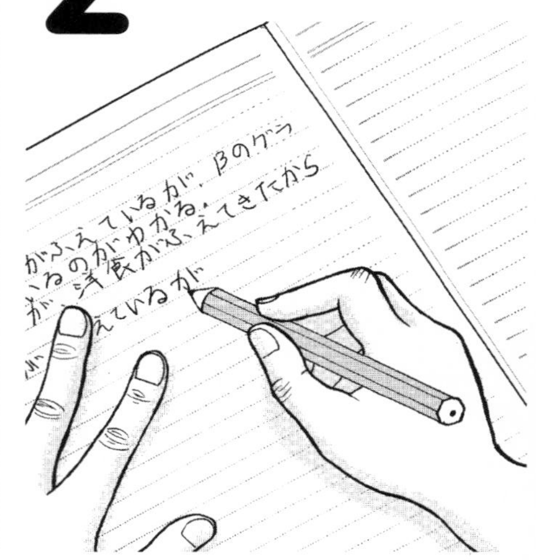

POINT

No.64で示した「グラフの読み取りの指導」を行います。最初にグラフの３つの基本要件を確認します。次にグラフの２つの基本要件を確認します。最後に「５つ」の観点からグラフを読み取らせます。それぞれのグラフをこの指導で確認するようにします。

POINT

「２つのグラフを比べて、分かったこと、気が付いたこと、思ったことをノートにできるだけたくさん箇条書きしなさい」と指示を出します。学級の実態によっては、「グラフＡは～だけど、グラフＢは～」「グラフＡもＢも～だ」など、書き方を示すのも効果的です。

[社会]

▶▶▶アドバイス

社会科の教科書には、グラフが必ず掲載されています。グラフは社会的事象を数値的に捉えさせるために、とても有効な資料です。２枚の写真を比較する指導と同様に２つのグラフを比較する指導にもポイントがあります。

ステップ3

意見を発表させ、グラフの関係について整理する

AのグラフもBのグラフもどちらもゆるやかに増えてます

POINT

２つのグラフを比較する場合には、比較したことについて発表させ、２つのグラフの関係を整理していく方法があります。また、折れ線グラフの一部を隠し、その先の変化を予想させる方法もあります。２つのグラフの変化が異なると子供たちは疑問を抱きます。

解説

教科書や資料集には、内容が異なる２つ以上のグラフが並べられていることがあります。多くの場合は、これらのグラフには何らかの関係があります。この関係を考えさせていく際にポイントとなるのが次の３つです。

①２つのグラフを選ぶ

子供たちにとって「社会的事象の変化や関係」が捉えやすく、授業のねらいに迫るものを選ぶようにします。

②資料を提示するタイミングや順番

２つのグラフを同時に提示し、子供たちに比較・吟味させる方法があります。その一方で、１つめのグラフを十分に読み取らせた後に、２つめのグラフを提示し比較・吟味させる方法もあります。これは､グラフの特性（同じ内容のグラフ、違う内容のグラフ）や授業のねらい、子供たちの実態に合わせて提示する方法を工夫するようにしましょう。

③発問・指示の工夫

「グラフＡとグラフＢを比べて、疑問に思ったことを箇条書きしなさい」など、子供たちに疑問や問いを生み出させる発問や指示の工夫をします。

No. 69

評定の仕方

実施学年：３年生以上 ｜ 準備物：特になし

ステップ1

第一段階＝１点
第二段階＝３点

		目についたこと	くらべたこと
もの・形 ～がある ～が大きい、白い	①人 ②建物 ③のりもの ④山・川・自然 ⑤道具・機械 ⑥かんばん ⑦その他	１点 A	E
分布 ～が多い、少ない、いっぱい		３点 B	F
地域的、空間的なこと どこ、どちらむき		C	G
時代的、時間的なこと いつ、何時		D	H
その他		I	

ステップ2

第三段階＝５点
第四段階＝７点

		目についたこと	くらべたこと
もの・形 ～がある ～が大きい、白い	①人 ②建物 ③のりもの ④山・川・自然 ⑤道具・機械 ⑥かんばん ⑦その他	A	E
分布 ～が多い、少ない、いっぱい		B	F
地域的、空間的なこと どこ、どちらむき		５点 C	G
時代的、時間的なこと いつ、何時		７点 D	H
その他		I	

POINT

第一段階の意見は「～がある」「～がいる」など「目に見える事象の指摘」にとどまります。これらの意見は全て１点となります。次に第二段階の意見は、「分布」です。「たくさんある」「～より多い」など、何かと比べて「多い」「少ない」という意見のことです。

POINT

第三段階の意見は、「場所・方向」つまり空間的なことを取り上げた意見です。「この場所は○○だ」「○○方角から撮った写真だ」などです。第四段階の意見は、「時間・時代」を取り上げた意見です。「暗いから夜ではないか」「季節は○○だ」など、高度な意見といえます。

[社会]

▶▶▶アドバイス

教師が子供たちの意見を個別に評定することで、子供たちは自分の意見がよかったのか、そうではなかったのかが明確に分かるようになります。また、子供たちは「次はこのようにすればよい」という新しい見方・考え方を手に入れることができます。

ステップ3

比較した意見は＋１点
その他は０点か 10 点

		目についたこと	くらべたこと
もの・形 ～がある ～が大きい、白い	①人 ②建物 ③のりもの ④山・川・自然 ⑤道具・機械 ⑥かんばん ⑦その他	A	＋1点 E
分布 ～が多い、少ない、いっぱい		B	＋1点
地域的、空間的なこと どこ、どちらむき		C	＋1点
時代的、時間的なこと いつ、何時		D	＋1点
その他		0点or10点 I	

POINT

各段階で自分の体験や知っていることと明示的に「比較」した意見であれば１点ずつ加点します。これらは雪小モデルのＡ～Ｈまでの意見ですが、Ｉの意見である「その他」の意見がたまに出ます。これは、討論のテーマになりうる10点の意見か０点のどちらかになります。

解説

子供たちに読み取りの能力を付けさせたければ、一人ひとりの意見に評定をすることが大切です。「個別評定」といわれるものですが、教師が長々とポイントを説明するよりも、効果的です。

子供たちは作業を通して、新しいことを知るだけでなく、社会的な見方・考え方を働かせるようになります。つまり、学習の方法を学んでいるともいえます。

しかしながら、個別評定を一度行ったからといってすぐに力が付くものではありません。何度も行っていく中で徐々に定着していきます。そのため、教師は繰り返し個別評定を行う必要があります。そのときのポイントは次の３つです。

① 明るく
② 楽しく
③ 明確に

教師がはっきりとした基準をもっていることも大切なことです。子供たちから点数の理由を聞かれたら、その理由を明確に伝えられなければなりません。

子供たちは個別評定で授業に熱中します。普段やんちゃな男の子が、優等生顔負けの意見を発表することもあります。学級全体に知的な雰囲気が広がります。

グループでの話し合いの指導

実施学年：３年生以上 ｜ 準備物：特になし

ステップ 1 発表の仕方を教える

POINT

グループで話し合わせると、話すだけ話して、人の意見を聞かない子がいます。そのため、最初に「自分がノートに書いてある意見をグループで発表します。発表が終わったら、他の人の意見も聞きます」と指示をし、聞くことも大切ということを教えていきます。

ステップ 2 ノートに意見を付け足す

POINT

グループで話し合うと、お互いに刺激を受けたり、考えが深まったりします。そこで、話し合った後に、「グループの人と話し合って、付け足したくなったこともあると思います。それをノートに書きます」と指示をし、ノートに整理する時間を確保します。

[社会]

▶▶▶アドバイス

グループでの話し合いを行わせるためには、話し合いの方法を教える必要があります。前提条件として、話し合える内容がノートに書かれていないといけません。自分の意見が書かれている状況をつくった上で話し合いを行わせることが大切です。

ステップ3 全員が発表するシステムを組み込む

POINT

グループで話し合わせた際に、大概、勉強の得意な子が代表で発表します。そこで、2回目の話し合いの後に「まだ発表していない人に発表してもらいます」と伝えます。さらに3回目の話し合いの際にも同様に指示をします。4回目になると全員が発表することになります。

解説

子供同士の話し合い活動を充実させるには、子供たちが話し合いの目的を明確にして臨めるようにすることが大切です。話し合いの目的とは、授業展開にもよりますが、授業の学習課題や内容、解決方法など様々です。子供たち一人ひとりが今何について話し合うのか、何を解決していくのか、など話し合いの目的を明確に共有している状況をつくり出しましょう。

また、子供たちは話し合いのよさを体感したり、自覚したりしていくことも大切です。子供たちは、自分と異なる考えに触れ、多様な考えがあることに気付いたり、様々な価値観が合わさることで、新たな価値観が生まれたりするなど、話合いのよさを教師が日々、価値付けしていくことも大切な指導になってきます。

これらの前提が基盤となり、左記に示したようなステップで指導を繰り返し行っていくことが重要です。また、特別支援を要する子には、「なぜなら〜」など、話型を示したり、視覚的な支援をしたりするなど、学級や子供の実態に応じた指導をしていくようにしましょう。

社会科見学の指導

実施学年：３年生以上 ｜ 準備物：ノート、筆記用具

ステップ1

出発前に「目についたものは全てメモしてくる」ように話す

POINT

社会科見学では「しおり」ではなく、メモがたくさん書けるノートがよいです。「目についたものは全てノートにメモしてきなさい。全てのものにそうなっている理由があるからです」と言います。

ステップ2

見学先ではノートに数字を書いて箇条書きする

POINT

休憩中や移動のバスの中で教師が「見学クイズ」を出題すると効果的です。教師も見学中に一緒にメモを取っておきクイズ形式で出題します。答えられない子はその後の見学でメモをたくさん取るでしょう。

［社会］

▶▶▶**アドバイス**

社会科見学には事前指導、見学中の指導、事後指導があります。子供にできるだけたくさんのものを見せるための工夫や社会科見学での学びを生かした授業方法を理解しておく必要があります。

ステップ3 見学後、調べてきたメモを集中的発問で焦点化する

POINT

例えば、「メモの中で工場の工夫といえそうなものに○を付けていきます」と集中的発問をします。「それは本当に工夫か」「一番効果的な工夫は何か」とさらに絞って発問し討論をします。

解説

社会科見学では「質問」の時間が設けられることが多いでしょう。しかし、せっかくの機会に誰も質問しないという事態に陥ることがあります。そこで、ステップ１の事前指導に加えて、次のように話をしておくこともお勧めします。

「社会科見学では質問する機会があります。専門家に質問をできる機会はそうありません。だから、先生たちはいろいろな人に交渉して社会科見学を計画したのです。質問ができるように見学するのですよ」

このように指導すると、多くの子どもが質問しようと挙手します。

さらに、最後に相手側の方とお別れするときの挨拶に加えて「見学して学んだこと」を指名なしで発表させます。

「相手の方はみんなが社会科見学でどんな感想をもったのか、どんなことが勉強になったか知りたいのです」

と趣意説明をしておきます。

No. 72

教師が用意した資料で調べる指導

実施学年：３年生以上 ｜ 準備物：教師の用意した資料

ステップ 1

観光協会等の関係機関に教師が連絡し、資料を送っていただく

POINT

例えば、４年生で小笠原の自然や自然を守る活動、自然を生かした仕事についての資料を教師が準備しました。観光協会に連絡すると様々な資料を無料で送ってくださいます。まず教師が HP を見て調べます。

ステップ 2

調べて分かったことは必ずノートに書く

POINT

調べて分かったことはノートに転記させたり、要約させたりします。図や絵以外の文字資料はできるだけ丸写ししないようにさせます。丸写しでは分からない内容も分かったように書いてしまうからです。

[社会]

▶▶▶アドバイス

資料を自分で見つけ出すステップはもう少し先で、まずは教師の資料を使って調べることができるようにします。分かったことはノートに書いておかせ、分からなかったところには付箋を貼り、後で質問させます。

ステップ3

意味の分からないところには付箋を貼らせ、後で質問できるようにする

POINT

調べていて分からなかったところに付箋を貼っておき、後で教師や社会科見学に行った先の方に質問できるようにしておきます。

質問して分かったことはノートに記録し、付箋を外します。

解説

調べ学習の基本は「手持ちの資料から調べる」ということです。

まずは手元の教科書、資料集、地図帳、国語辞典などをフル活用させます。

ここに教師が準備した資料で調べさせることも入ってくるでしょう。

次に学校図書室での調べ学習になります。そして、パソコン室でのインターネット検索です。

教室から離れれば離れるほど、調べ学習は難しくなります。検索の知識・技能が必要になってくるからです。

したがって、地域の図書館、自宅でのインターネットが最も難しいということになります。

ただ、地域の図書館では職員の方に「こんな本を探しています」と伝えれば、検索をしていただけます。また、家庭でのインターネットは事前に保護者にもお願いしておけば、課題に適した資料が手に入るでしょう。

No.73

インターネットを使って調べる指導

実施学年：３年生以上 ｜ 準備物：インターネット環境

ステップ1 調べるサイトを指定する

POINT

調べ学習においてインターネットを使わせる際は、まずは指定したサイト内で調べるようにさせましょう。いきなり検索させると這い回って目的に達せずに１時間を終える子が出てしまいます。

ステップ2 プリントアウトする枚数を指定する

POINT

使いたいページや資料を無尽蔵に印刷させてはいけません。印刷は２枚までとか３枚までとか枚数制限しましょう。枚数が制限されるからこそ子供たちはより価値のあるサイトを探すことになります。

［社会］

▶▶▶アドバイス

インターネットを使った調べ学習の初期指導です。インターネットによる調べ学習を好き放題やらせてはいけません。最初はサイトを指定し、プリントアウトの枚数も指定します。調べたことはノートに書かせます。

ステップ3 調べたことはノートに書く

POINT

プリントアウトしたら、そこから自分で読み取った内容をノートに書かせるようにしましょう。文章の丸写しは禁止させます。あくまでも自分が読み取れた内容を要約させる形で書かせます。

解説

インターネットで調べた内容をノートに書かせてこそ、本当に調べたことになります。

自宅でプリントアウトしたものを学校に持ち込む子がいますが（その努力は素晴らしいのですが）、内容が全く理解できていないこともあります。

インターネットで調べた内容をさらに理解するためには国語辞典を引くことも必要になってくることでしょう。

インターネットは気軽に様々な情報が引き出せるツールではありますが、本当に調べたい内容を理解するためには、時間がかかるわけです。

初期段階を過ぎたら、「検索キーワード」の打ち込み方を教えます。「ＡＮＤ検索」「ＯＲ検索」を教えるとともに、「きっず」と入れると子どもサイトにつながる可能性が高まることも教えるとよいでしょう。情報モラル・マナーの授業も並行して必要になってきます。

No. 74

意見を検討・分類する指導

調べる課題選定の指導

実施学年：３年生以上 ｜ 準備物：特になし

ステップ1 調べたいことをたくさん書かせ、自分で調べられそうなものに○を付ける

調べたいこと、ぎもんに思ったこと
①自動車ができるまで.
②自動車の部品
③自動車工場の工夫
④自動車工場と関連のある工場
⑤自動車の輸出の順番
⑥自動車の輸出先
⑦海外にある日本の自動車工場
⑧海外で人気の日本車
⑨自動車のねだん
⑩自動車のはん売台数
⑪かんきょうにやさしい車のしゅるい

POINT

単元の最初に、映像や資料を使って新しい学習の内部情報をある程度蓄積させます。その上で「調べたいこと、疑問に思ったことをノートにたくさん書きます」と指示します。書けた子に例示させます。

ステップ2 自分で調べられそうなものに限定して「調べる方法」を考える

調べる方法
①ネットで調べる。
②図書館へ行く。
③電話する。
④親に聞く。

POINT

たくさんの「調べたいこと」の中から「自分で調べられそうなものに○を付けます。○を付けたら何でどうやって調べるか書きます」と調べる方法まで確定させます。調べ方は発表させて共有します。

[社会]

▶▶▶アドバイス

調べる課題の選定には、まず、調べたいことをたくさん書かせます。その中から自分で調べられそうなものを選ばせ、その調べ方まで確定させます。さらに自分が調べられないと思ったものも調べ方を班で相談させます。

ステップ3

調べられない課題を班の友達と相談しながら「調べられるもの」と「調べられないもの」に分ける

POINT

調べられないと判断したものが本当にそうなのか、班で相談させます。相談の上、調べ方が見つかった場合、それも調べる課題の一つにします。こうすることで調べる方法を広げることができます。

解説

調べる課題が選定されたら、いよいよ調べ学習に入っていきます。

調べ学習を効率よく進めさせるためには教室環境が重要です。

学習内容に関連した資料を教師が教室に置いておくことも有効です。常掲本として『日本のすがた』（矢野恒太記念会）、『広辞苑』（岩波書店）などを置いておく他、単元に関係のある資料を観光協会等の団体に資料請求して置いておきます。

観光協会は請求すると喜んで無料で資料を送ってくださいます。しかもそれは最新の情報です。電話やネットですぐに入手できますので活用しましょう。

その一方で地域の図書館の利用の仕方も次のように教えます。

「図書館のカウンターの人に『〜の本を探しているのです』と言えば、本を検索してくれます。なければ市内の図書館を全て検索してくれます。他の図書館にある本であれば取り寄せてくれます」

No.
75

意見を検討・分類する指導

意見の絞り込みの指導

実施学年：３年生以上 ｜ 準備物：特になし

パターン 1

多くの子供が「一番おかしいと思った意見」と「それ以外の意見」の二者択一にする（方法１）

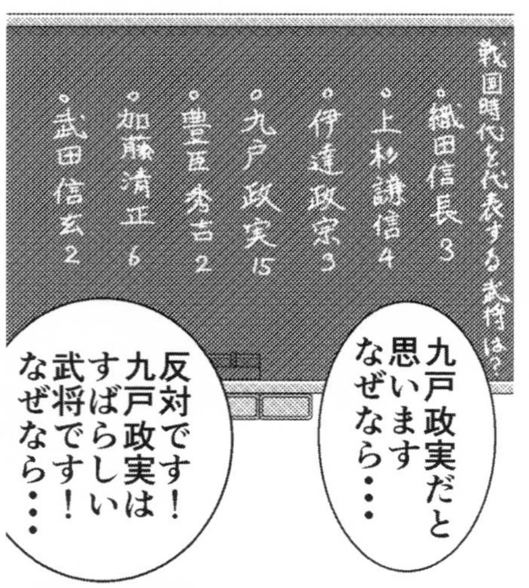

POINT

多様な意見の中から「この中で一番おかしいと思う意見に手を挙げます」と指示し、人数を数えます。最も多い意見に対して、他の意見の子供に反論させていきます。選ばれた子供にも応戦させます。

パターン 2

「一番多い意見」と「それ以外の意見」の二者択一にする（方法２）

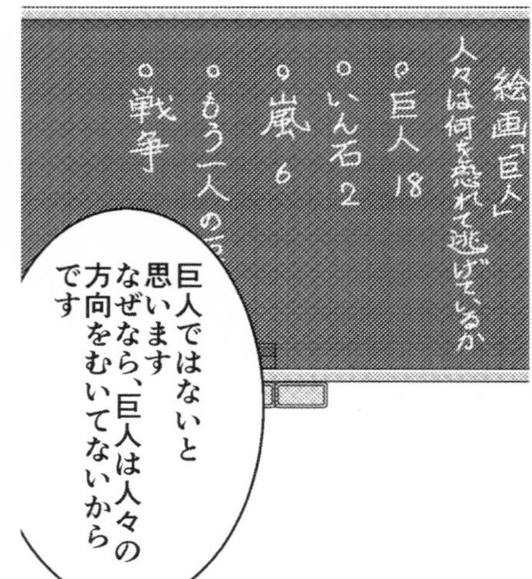

POINT

多様な意見の中で最も人数が多い意見に対して、他の意見の子供たちに反論させていきます。最も人数の多い意見の子供たちにもこれに応戦させます。反対意見を考えてノートに書く時間を保証しましょう。

[社会]

▶▶▶アドバイス

討論の場面で、多様な意見が出された後の「意見の絞り込み」の３つの方法を提案します。どの方法も意見を２つに絞るための方法です。討論は二者択一の方が話しやすいのです。

パターン３

たくさんの意見の中からよりよいものを班で検討し絞り、全体で共有する（方法３）

私たちの班はBの意見ですなぜなら・・・

POINT

意見が非常に多い場合の方法です。班で一端話し合わせることで意見が絞られます。絞られた意見を班ごとに出し合います。その上で方法１や方法２を使ってさらに絞り込んでいきます。

解説

討論では２つの意見に絞り込むことで意見を伝える相手が明確になり、話し合いがしやすくなります。

したがって、発問を最初から二者択一にすればよいのです。ＡなのかＢなのかを問うのです。

多様な意見を引き出す発問で出された意見を絞り込む場合にも、二者択一になるように多様な意見群を整理して話し合わせます。

パターン１の「多くの子どもが『一番おかしいと思った意見』と『それ以外の意見』の二者択一にする」の「それ以外」の立場を私は「連合軍」などと呼び、１つにまとめてしまいます。

討論の授業は最初から全体でやらずに、まずはペア討論、班討論などと人数を徐々に増やしていくようにするとよいでしょう。

また、班討論をしてから全体討論を行うようにすれば多くの子供が参加できるようになるでしょう。継続的に討論をする場を設定するようにしましょう。

No. 76

意見を検討・分類する指導

KJ法　カードに書く指導

実施学年：３年生以上 ｜ 準備物：付箋や画用紙を切って作ったカード（10枚×児童数）

ステップ1

１枚のカードに１つのことを書く

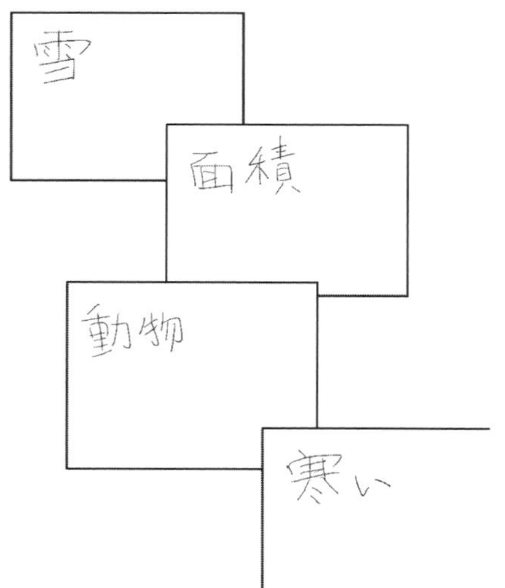

POINT

ある課題について自分が知っていること（内部情報）を全てカードに書かせます。１枚につき１つのことを書くようにさせます。文でも単語でもよいです。10枚書ければ多い方だと考えてよいでしょう。

ステップ2

できるだけ細かく１枚のカードに書く

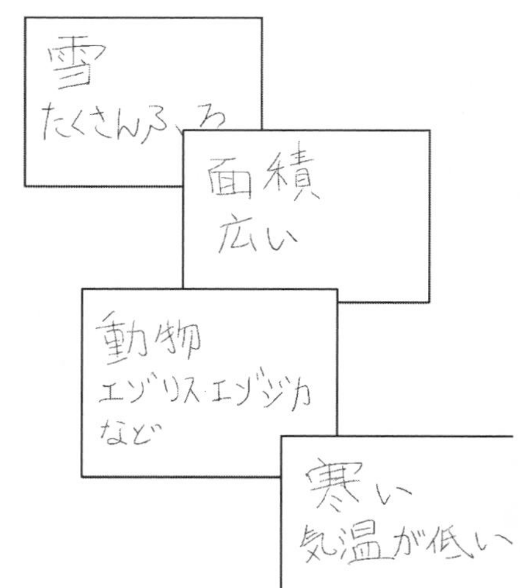

POINT

できるだけ細かく書かせるようにします。

「野菜がおいしい」と書くより「キャベツがおいしい」「レタスがおいしい」と細分化して書かせた方がよいです。

[社会]

▶▶▶アドバイス

ここでは学習課題をつくるためのKJ法を紹介しています。社会科では学習課題を設定する場面がありますが、KJ法はその子の内部情報のみに依拠して書かせるため、その子に適した学習課題をつくることができます。

ステップ

3 教科書や資料集は見ないで書く

POINT

児童の内部情報のみを対象にして書かせます。教科書や資料集を見せないで書かせるからこそ、その子に適した学習課題を導くことができるのです。カードは付箋や画用紙を切ったものを使います。

解説

KJ法で学習課題を設定する際の留意点です。

子供がある課題について内部情報をあらかじめもっていることが大前提となります。したがって、子供に内部情報がないと全くカードに書けないという事態に陥ることがあります。

例えば、３年生の子供に「地域で農家をしている人がいますが、知っていることをカードに書きなさい」と言っても「農家」に関する体験がないので何も書けないというわけです。

同様に、工業地域に住んでいる子供には「工業地帯」のことが書けますが、そうでない子には何も書くことが見つからないのです。

ですから、子供たちが何を知っていて何を知らないのか、実態を予想しておくことがKJ法の実践では必要になります。

No.77

KJ法　カードを分類する指導

実施学年：３年生以上 ｜ 準備物：付箋や画用紙を切って作ったカード（10 枚×児童数）

ステップ1

似ているカードを集めてグループ化する

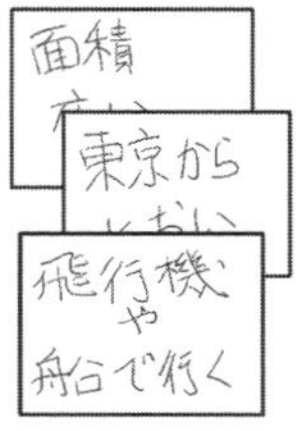

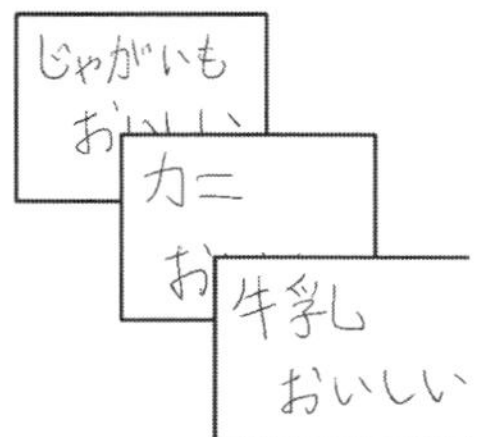

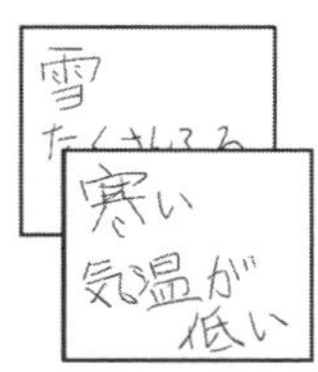

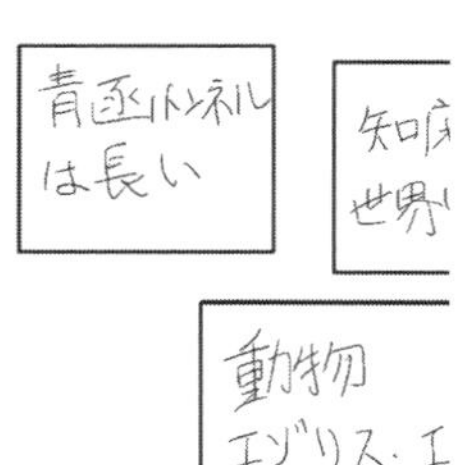

ステップ2

それぞれのグループに名前を付ける

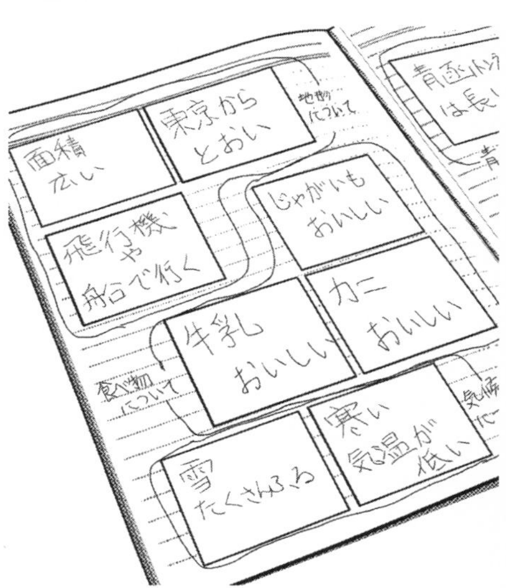

POINT

分類したグループの数だけ学習課題がつくられるので、カードの分類はできるだけ細かく分けさせるようにします。

いかなる分類も認め、教師が介入しないようにします。

POINT

カードをグループごとにノートに貼らせ、それを鉛筆でグルッと囲ませ、それぞれのグループ名を書かせます。グループ名の文末は「～について」とします。早くできた子に例示させるようにします。

［社会］

▶▶▶アドバイス

KJ法では自分の知っている知識のみをカードに書き、それを自分の観点に基づいて分類させます。それぞれのグループに名前を付けます。これで自分のもっていた内部情報をカテゴリー別に整理できたことになります。

ステップ3

「その他」のグループはつくらない

青函トンネルは長い
動物 エゾリス・エゾシカ など
知床は世界遺産
アイヌ民族という先住民族がいる
その他

青函トンネルは長い
青函トンネルについて
動物 エゾリス・エゾシカ など
動物について
知床は世界遺産
知床について
アイヌ民族という先住民族がいる
アイヌについて

POINT

「その他」というグループはつくらせないようにします。１枚で１グループでもよいのです。

KJ法では、できるだけグループを多くした方が、その後の学習に有効に働きます。

解説

KJ法は一人ひとりの子供たちが自分の持っている情報のみに依拠して行います。

カード１枚１枚に自分のもっている情報を書き込み、それを自分の観点で分類し名前を付け、カテゴリー別に整理を加えます。

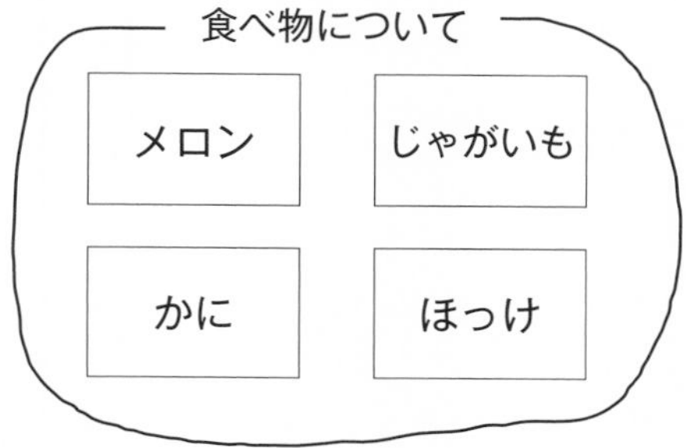

ここに整理されたノートはその子の知識構造を表出したものと見ることができます。

自覚していなかった自らの知識構造をメタ認識できる点でも画期的な指導法です。

この後の展開は、KJ法でまとめた知識構造を使って、学習問題をつくる作業に入ります。

No.
78

意見を検討・分類する指導

KJ法　問題づくりの指導

実施学年：３年生以上 ｜ 準備物：特になし

ステップ1

それぞれのグループごとに何を調べたらよいか問題を書く

3/14（金）
調べることについて
① 北海道の広さを調べる。
② 東京から北海道までのキョリを調べる。
③ 一番広い市を調べる。
④ 冬の雪の量を調べる。
⑤ 北海道と東京の平均気温を調べる。
⑥ なぜ北海道が寒いのか調べる。
⑦ 雪と氷はいつとけるのか調べる。
⑧ 夏と冬の気温の差を調べる。
⑨ 雪は何mくらいつもるのか調べる。
⑩ 北海道の牧場の面積を調べる。
⑪ どんな乳製品を作っているのか調べる。
⑫ 北海道ではなぜ多くじゃがいもが作られているのか調べる。

ステップ2

どうやって調べたらよいかを書いて、全員で共有する

調べる方法
① ネットで調べる。
② 図書館へ行く。
③ 電話する。
④ 親に聞く。

POINT

「それぞれのグループごとに何を調べたらよいのかノートに書きます。例えば１つのグループについて１つ以上、何を調べたらよいのか書きます」と言って問題をつくらせます。早くできた子に例示させます。

POINT

「どうやって調べますか。調べる方法をノートに書きます」と言って書かせます。（図書館へ行く、ネットで調べる、人に聞く等）発表させ板書します。板書を全員に視写させて調べ方を共有させます。

[社会]

▶▶▶アドバイス

KJ法でまとめた一つ一つのグループについて何を調べたらよいか１つ以上問題をつくらせます。次に、どうやって調べたらよいか方法を出し合って共有させます。調べながらノート見開き２ページにまとめさせます。

ステップ3 調べたことをノート見開き２ページにまとめる

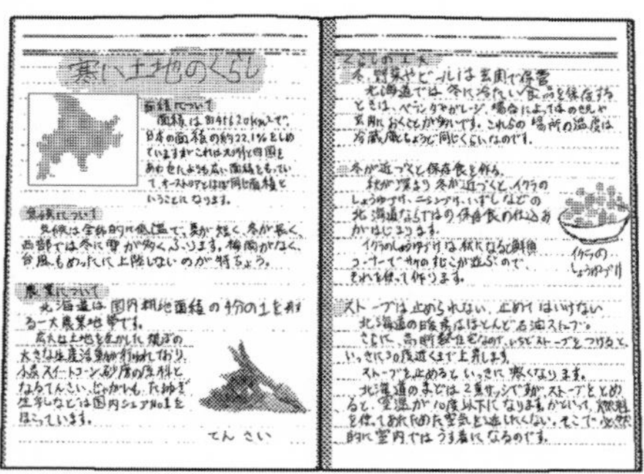

POINT

調べたことをノート見開き２ページ限定でまとめさせます。文章だけではなく、図やイラストなども交えてビジュアルにまとめさせます。全員のまとめを印刷して製本する実践もあります。

解説

ステップ１の問題づくりは例示がないとイメージできない子がいます。イラストにあるような例を教師が示したり、できた子の問題を紹介したりするなど、たくさんの例示を心掛けてください。

ステップ２はたくさんの「調べ方」の共有が目的です。教師からも提示しましょう。特に図書館の職員に相談すると、関連図書を集めてくれることも教えておきましょう。

ステップ３でまとめたノートを学級分全て印刷し、いわば「学級資料集」を作り、お互いに質問していくような授業（集合知）を行うことも可能です。

No.76 ～ No.78 までの一連の学習を一度教えると、次からは自分で同じパターンで調べ学習を進めることができるようになります。すなわち、課題について KJ 法で分類、まとめをし、そこから学習問題をつくり、自分で調べ、ノートにまとめるところまでの自主学習を実現します。

No.
79

意見を検討・分類する指導

KJ法　仮説を立てる指導

実施学年：３年生以上 ｜ 準備物：付箋など

ステップ1

どんな仮説が立てられそうか考える

POINT

これまでKJ法でまとめた構造図や見開きノートまとめを概観させながら仮説を立てさせていきます。この構造図はその子の知識構造なので、そこからできあがる仮説はその子の実態にピッタリ合います。

ステップ2

３つのアウトラインを使って仮説を文で書く

仮説
①ガソリンを使わない自動車なら環境にやさしい自動車である。
②化石燃料を使わなければ環境にやさしい自動車になりやすい。
③環境にやさしい自動車ならば、排気ガスがでない。

POINT

仮説は次の３つのアウトラインで書かせます。

①　～であれば○○である。
②　～であれば○○になりやすい。
③　○○であれば～である。
（○○＝課題対象、例、工業地帯）

[社会]

▶▶▶アドバイス

KJ法による学習はNo.79までの指導までにしてもよいし、さらに、ここから紹介する仮説検証の授業（仮説化の授業）を加えることもできます。また、No.78「問題づくり」の代わりに仮説検証の授業を行うことも可能です。

ステップ3

書いた仮説から重要だと思うものを３つほど選ぶ

POINT

たくさんの仮説の中から３つほど、重要だと思うものを選択させます。その後、教師のところに一度、ノートを持ってこさせて、どんな仮説を選択したのか把握するとよいでしょう。

解説

No.78の「問題づくり」と「仮説化」は類似しています。

「問題づくり」はKJ法でつくった構造図からグループごとに自分で調べたい問題をつくる作業です。その後、問題を明らかにするための調べ学習になります。

一方、「仮説化」は構造図やまとめノート（No.78）を見ながら、教師の示した仮説のアウトラインに沿って複数の「命題」をつくります。その後、自分の命題（仮説）を証明するための資料探しを行います。

ステップ２ではできるだけたくさん仮説を立てさせます。例示です。

① 公害があれば工業地帯である。
② 海の近くであれば工業地帯になりやすい。
③ 工業地帯であれば公害がある。

そしてステップ３で、たくさんの仮説の中から重要だと思うものを３つほど選ばせます。

調べてみて難しいと分かった場合には証明する仮説の変更も認めます。

KJ法　仮説を検証する指導

実施学年：３年生以上 ｜ 準備物：特になし

ステップ1 

仮説を検証するためにどんな資料を用意したらよいのか、どうやってその資料を探したらよいのか書く

POINT

「仮説を検証するためにはどんな資料があればよいですか」「その資料はどうやって探したらよいですか」と問います（「解説」参照）。この段階で調べることが困難な仮説は変更を許可します。

ステップ2

仮説を検証するための資料を探し出し、プレゼン用に画用紙等にかき写す

POINT

仮説を検証する資料が決まったらプレゼン用に画用紙等にかき写しさせます。説明等は一切書かせません。あくまでも資料のみです。この資料を用いて子供に自分の言葉でプレゼンさせます。

[社会]

▶▶▶アドバイス

仮説を検証する資料を探したらそれを画用紙などにかき、プレゼン用にします。文章等はここには書かせません。あくまでも自分の仮説を検証するための資料のみを提示し、自分の言葉で発表させます。

ステップ3 

仮説を資料に結び付けて検証し、発表する

POINT

仮説と資料を結び付けながら証明したことを発表させます。①仮説の発表、②検証した資料の説明、③「このように」「つまり」を使って仮説と資料を結び付けながら検証、という手順で行います。

解説

ステップ1では、「重要だと思った仮説が正しいことを証明してもらいます」と言ってどんな資料を準備したらよいのか確定させます。

次にどうやって調べるかについては「図書館へ行く」「ネットで調べる」「電話する」など、各自の方法を発表させ、板書したものをノートに視写させます。こうして全員に多様な調べ方を共有させます。

ステップ2では、「仮説を証明するためには資料が必要ですが、文は必要ありません。図やグラフだけにします」と言います。仮説検証の発表の際、文章の丸写しを避け、資料だけを提示しながら自分の言葉で発表させます。

ステップ3では、①～③のように論理的に仮説の検証を発表させます。例えばこんな型を教えます。

①私の仮説は～です。②その証拠がこの資料です。説明します。③このように、資料から～が分かります。つまり、私の～という仮説は証明されたことになります。

No. 81

着替えの指導

実施学年：全学年 ｜ 準備物：特になし

ステップ1 すばやく着替える

ステップ2 丁寧に畳む

POINT

着替えは休み時間などに行いますが、指導を行わないと、おしゃべりをしたり、よそ見などをしたりして着替えをしている子供がいます。そのため、デジタルタイマーなどを活用し、時間を視覚化しながら３分程度で着替えることができるように指導をしていきます。

POINT

どんなに着替えが速くできても、丁寧に洋服を畳めることができなければ意味がありません。丁寧に洋服を畳むには順序があります。その順序を教師が教える必要があります。上着の畳み方、下着の畳み方、ズボンの折り方など、一つ一つを丁寧に指導していきましょう。

［体育］

▶▶▶アドバイス

運動場に出た後の子供の着替えを見れば、教師の力量が分かるといわれています。着替えがきちんとできているクラスの体育は、学習もきちんと行われていることが多いです。着替えがきちんとできる子供は、物事を処理する能力に優れています。

ステップ3 

きちんと机にのせる

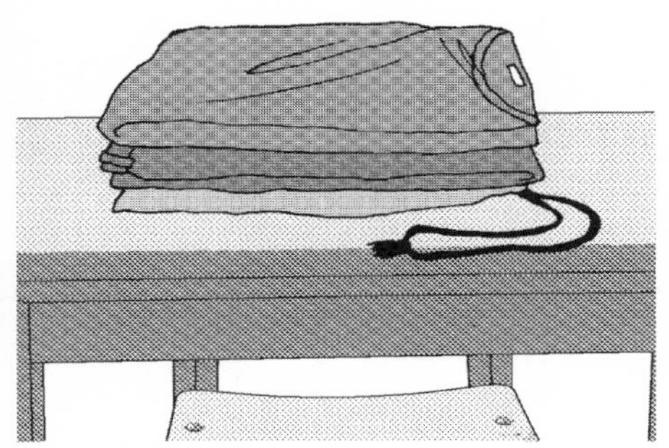

POINT

丁寧に洋服を畳んでいても、床や椅子に落ちるようではいけません。机の中央にきちんとのせておくようにします。この時に隣の子供たち同士で確認すると効果的です。また、教師は全員ができているかを確認してから教室を出るようにすると定着も早くなります。

解説

低学年の時から、着替えの指導をきちんと行う必要があります。

着替えのポイントは次の３つです。

1　すばやくできる。（３分間程度）

2　丁寧に畳むことができる。

3　きちんと机にのせることができる。

この３つを低学年の時からきちんとできていれば、中学年や高学年などで着替えの指導を行う必要がなくなります。

ステップ１では、時間を３分間程度としていますが、最初は子供たちの実態に合わせて５分間程度にしても構いません。どれだけ速く着替えられるか、などとゲーム化すると子供たちは喜んで速くしようと努力します。また、すばやく着替えることができるようになったことを褒めると子供たちの意欲付けにもなります。

ステップ２では、最初は教師がチェックをしますが、慣れてきたら子供たち同士でチェックをし、合格したら外に出る、というような流れにすることも可能です。

１学期間続けると、ほとんど習慣化されるので、根気強く指導を行っていくようにしましょう。

子供が集中する話し方

実施学年：全学年 ｜ 準備物：特になし

ステップ1

子供の目の高さで話す

POINT

体育の指導で、子供に話すときには座らせることが多いと思います。子供が座ると教師は高い位置から見下ろすようになります。すると、教師の視線と子供の視線が合わなくなることが多くなります。そこで、教師は腰を下ろし、子供の目線で話すことが大切になってきます。

ステップ2

教師の話は１分以内にする

まずコレをやって
次はこうして
終わったらこれをします
Befor
これをします
After

POINT

授業に集中しない最大の原因は、教師の説明、指示が長いことです。３分以上話しているとほとんどの子供は話を聞いていない、理解していない状態になります。子供が集中して話を聞くのは、短い話のときだけです。そのため、教師の話は１分以内にしましょう。

[体育]

▶▶▶アドバイス

体育の時間は、机や椅子がないため、子供たちの視線がバラバラになったり、教師も誰に向かって話しているのかが分からなくなったりします。そのため、教師は子供たちが集中して話を聞く環境をつくり出さなければなりません。

ステップ3 

3m以内で話す

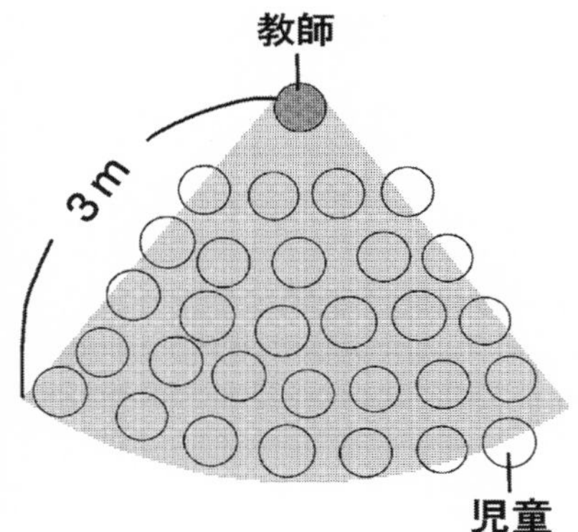

POINT

教師と子供たちの距離がバラバラだと、子供たちに大切な話をしても、教師の意図が伝わらないことがあります。そこで、教師が話すときには、子供たちから必ず3m以内の場所で話すようにしましょう。3m以内に集合させてから、話すのも効果的です。

解説

体育の最初に話を聞く隊形を指導しておくと、子供たちは集中して教師の話を聞く準備ができるようになり、運動に対する心構えも変化してきます。

子供が集中して教師の話を聞くことができるようにするためのポイントは次の3つです。

1　子供の目の高さで話す。
2　教師の話は1分以内にする。
3　3m以内で話す。

ステップ1では、子供たちの姿勢も大切です。きちんと教師の方におへそと顔を向けさせてから話すようにしましょう。

ステップ2では、ゲームのルールや場の設定など長く説明しなくてはならないときもあると思います。そのようなときには、ミニホワイトボードやスケッチブックなどを活用し、説明が長くならないような工夫をしましょう。また、視覚化することで理解がしやすい子供たちもいるので、配慮をしていきましょう。

ステップ3では、集合させる場所も大切です。太陽が子供たちの背中の方にくるようにするなど、教師の話す位置にも気を付けましょう。

見学をする子供への指導

実施学年：全学年 ｜ 準備物：特になし

パターン1 活動ができない状態の子供の場合

POINT

見学者が活動に参加できない状態にある場合には、「見学者には、全員感想を言ってもらいます。感想の中には、必ず、頑張っていた人、友達と協力したり、励ましたりしている人を入れるようにします」と伝え、授業後に全体の前で感想を発表してもらうようにします。

パターン2 感想を発表させるときには、演出をする

POINT

見学者には、「頑張っていた人は、女子は男子のことを。男子は女子のことを発表するようにします」と指導をします。こうすることで様々な子供たちの名前が出てくるようになります。また、見学者も授業に参加したという意識をもち、一体感を演出することができます。

［体育］

▶▶▶アドバイス

見学をする子供への指導は、見学する子供の状態によって変わります。何かできることがあれば、必ずできることをさせるようにしましょう。何もできない状態であれば、授業後に全体の前で感想を言わせるようにしましょう。

パターン3

活動によっては参加できる状態にある子供の場合

POINT

見学者が、何か活動に参加できる状態にある場合には、必ず活動をさせるようにします。例えば、50m走のスタートの合図やタイムの記録、長縄の回し手など、どんな形でもよいので授業に参加させるようにしましょう。こうすることで、学級に一体感が生まれてきます。

解説

体育を見学している子にはどのようなことをさせればよいのか、と悩む先生は多いと思います。例えば、体育ノートを用意したり、学校や学年で用意された見学カードに記録させたりすることもあります。

体育ノートや見学カードは、子供の思考を振り返ったり、評価したりする際に参考になります。

しかし、書き終わったり、書くことが苦手な子供にとっては、最後まで書けずに終わってしまったりすることもあります。また、書くことに必死で活動を見ない子が出てくることもあります。

ここでは、見学をする子供の状態に合わせた、見学をする子供への指導をご紹介しました。

見学しかできない子供には、授業後に感想を発表させる。何か活動に参加できる子供には、役割を与え、活躍させるようにします。

もちろんこれが全てではありません。先生の指導方針や学校や学級、子供の状態に合わせた見学指導を行うのが一番よい方法だと思っています。

No. 84

場づくりを説明する指導

実施学年：全学年 ｜ 準備物：スケッチブック、紅白玉、カラーコーン、ビニルテープなど

パターン 1

見本を示す

POINT

単元の初めの指導で、教師が場づくりを行い、見本を示すようにします。また、教師と子供が一緒に準備をしながら、場づくりをする場合もあります。いずれにせよ、大切なことは一時に一事のことを指導することです。子供たちが理解できるように見本を示しましょう。

パターン 2

スケッチブックやホワイトボードなどで説明をする

POINT

校庭や屋上、体育館などで場所や条件によってスケッチブックやホワイトボードなどを活用します。そこには、教師が場づくりの方法や必要なもの、準備する場所などを明確に示すようにしましょう。慣れてくれば子供たちだけで準備ができるようになります。

[体育]

▶▶▶アドバイス

場づくりに時間が割かれてしまうと、活動する時間が削がれ、運動量が確保できません。また、的確な指導を行わないと大怪我に発展する場合もあります。そのため、場づくりの指導は、体育の授業を行う上で重要な指導に位置付けられます。

パターン 3 紅白玉やビニルテープなど目印を置く

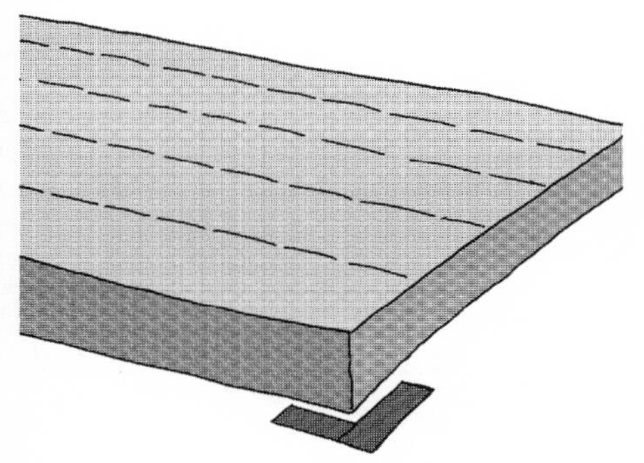

POINT

体育館であれば、ビニルテープで目印を付けておきます。単元の初めの場づくりの際に印を付けておけば、それ以降は目印に準備物を置くだけになります。校庭の場合には、紅白玉を活用します。教師が紅白玉を置いておき、その場所に子供が準備物を置くようにします。

解説

スケッチブックやホワイトボードなどがない場合には、事前に教室で説明する方法もあります。黒板を使えば、トラックなど、全体を示しながら指導をすることができます。また、その際に大まかに役割を決めておくと、場づくりをより円滑に進めることができます。

紅白玉を使うメリットは様々あります。教師は、紅白玉を場づくりに必要な位置に置きます。そこに子供が準備物を置いたら、紅白玉を持ってこさせます。こうすることで、誰がきちんと仕事をしてくれたのかが、明確になります。教師は、持ってきてくれた子を褒めることができます。

また、体育館でソフトバレーボールの指導をする際には、事前に得点板やネットなどを子供たちと準備しておくようにします。つまり、完成形を示しておきます。そして、次のように説明をします。「いつも授業の最初は、この状態から始められるようにします」この後に、どの班がどの場所を準備するのかを指導しておけば、準備がスムーズになります。

No. 85

全体指導

子供を集める場面の指導

実施学年：全学年 ｜ 準備物：特になし

パターン 1 校庭の場合

POINT

校庭で子供たちを集合させる際に気を付けることは、子供たちが太陽を背にしていることです。教師が太陽を背にした場合、子供たちは教師の顔を見ながら話を聞こうとすると、眩しくて集中して話を聞くことができません。教師は太陽の位置を確認して集合させましょう。

パターン 2 体育館の場合

POINT

模範の動きを見せる場合には、その動きがよく見える場所に集合させます。跳び箱であれば、跳び箱を囲むように集合させます。また、校庭でも同様ですが、集合させるときには、「小さくまとめる」ということがポイントです。広がって座ると指示が行き届かない場合があります。

［体育］

▶▶▶アドバイス

体育の時間に子供を集合させるときの大切なポイントは、「低刺激の場所を選び、小さくまとめさせる」ことです。子供たちに集中して話を聞かせることも教師の大切な指導です。そのためにも集合させる場所や話を聞く隊形を意識するようにしましょう。

パターン3 特別支援を要する子がいる場合

POINT

集合させたときに特別支援を要する子を教師の手が届く範囲に座らせておかないと、友達にちょっかいを出したり、話を聞いていなかったりします。そのため、集合させるときには、名前を呼んで近くに座らせたり、役割を与えて見本になってもらったりしましょう。

解説

子供を集合させるときは、集合させる場所を考えます。

模範の動きを見せるのであれば、その動きがよく見える場所がよいです。

校庭で子供たちを集合させる場合には、太陽の位置もそうですが、できるだけ低刺激の場所を選びます。

例えば、隣のクラスが体育をしている前で話をすると、子供たちは隣のクラスの動きが気になって、集中して話を聞くことができません。これは、教師が叱る場面を無意識のうちにつくり出していることになります。子供たちを集合さる場所が悪いのです。子供たちにとって低刺激の場所はどこなのかを確認しておくようにしましょう。

また、集合させるときは「小さくまとめる」ことが大切です。子供たちは何も指導しないと広がって座ってしまいます。そんなときには、「（教師が両手を広げて）先生の腕の範囲に収まる程度に集合します」「周りの隙間を詰めて座ります」などと、教師が指示をします。こうすることで、全体の輪が小さくなり、指示が通りやすくなります。

No.
86

短距離走の指導

バトンパスの指導

実施学年：４～６年生 ｜ 準備物：２人で１本のバトン

ステップ 1 

２人ペアで１本のバトンを持つ

ステップ 2 

２人ペアでバトンパスの練習をする

POINT

バトンパスを上手にさせるために、45 分間の授業の中で 50 回を目標にバトンパスをさせましょう。同じ練習だと子供は飽きるので、教師はバトンパス練習のバリエーションをもっておくことが大切です。バトンがない場合には、ラップフィルムの芯でも構いません。

POINT

バトンパスで一番難しいのは、「バトンをもらう人が、スタートポイントをどこに決めるか」です。そのため、子供たちに歩測をさせます。足がいくつ分のところをスタートポイントにするのかを決めさせることで、子供たちが集中してバトンパスの練習をするようになります。

[体育]

▶▶▶アドバイス

リレー指導のポイントはバトンパスにあります。バトンパスを数多く経験することで子供たちのバトンパスは上達し、リレーのタイムも向上していきます。バトンパスの指導には、９つのポイントがあります。そのポイントを意識して指導しましょう。

ステップ3 個別評定をする

POINT

評定の基準は、右の９つのポイントができているかどうかです。教師は「合格」か「もう１回」と子供たちに伝えます。「合格」と言われたら、次の走者と交代をします。「もう１回」と言われたら、再度挑戦させます。この指導を繰り返していくとバトンパスが上達します。

解説

バトンパスを指導する際には、次の９つのポイントを１つずつ指導していきます。

1　バトンの端の方を持つ。
2　左手でバトンを渡して、右手でもらう。
3　バトンを渡すときは「はい」と言う。
4　バトンをもらう人は、走りながらもらう。
5　バトンをもらう人は、体を低くして構える。
6　バトンをもらう人は、前を見て走りながらもらう。
7　バトンをもらう人は、手を高く上げてもらう。
8　バトンをもらう人は、全力で走りながらもらう（もらう人は、歩測をし、スタートポイントを決める）。
9　バトンパスをした後、渡す人がもらう人を追い越すつもりで走る。

この指導をする際には、テンポよくスタートさせるのがポイントです。

この指導を行っておくと、運動会のリレー練習で見本となる子が出てきたり、バトンパスの練習時間が少なくなったりするといった事実も生まれてきます。

No. 87

準備運動の指導

体操の隊形に広がるときの指導

実施学年：全学年 ｜ 準備物：特になし

ステップ1

腕を左右に伸ばす「両手間隔」を教える

POINT

最初に子供たちに両腕を広げさせて、「両手間隔」を指導しておくことが大切です。頻繁に使用するので、習熟しておくと運動会などでも役立ちます。教師が「両手を広げ、周りの友達とぶつからないと合格です」と伝え、褒めることで定着していきます。

ステップ2

両手間隔で、「横」に広がる

POINT

まずは、「横」だけ広がるようにします。４列なら、横の４人が両手間隔に広がります。また、列の先頭の４人だけが広がり、後ろに並んでいる子供たちは後から移動させる方法もあります。子供たちの実態に合わせて臨機応変に指導を行うようにしましょう。

［体育］

▶▶▶アドバイス

体操の隊形への広がり方を指導せず、いきなり体操の隊形に広がらせても子供たちは混乱することが多いです。なぜなら、斜めに広がるという高度な動きを伴っているからです。そのため、スモールステップで広がり方を教える必要があります。

ステップ3

両手間隔で、「縦」に広がる

POINT

次に、体の向きを 90 度反転させ、前後の子供たち同士で両手間隔に広がるようにします。これで縦に広がることができるようになります。離れすぎている子や間隔が狭い子がいた場合には、教師が教え、習熟を図っていくようにしましょう。

解説

運動会などで「○○さん基準。体操の隊形に開け」などの指示をよく耳にします。この時、必ずいるのが広がりすぎてしまったり、子供同士の間隔が狭かったりする子供です。この原因は様々考えられますが、次のような３つのポイントで指導をすればかなり改善されます。

1　「両手間隔」を教える。
2　両手間隔で、「横」に広がる。
3　両手間隔で、「縦」に広がる。

このように指示を細分化し、スモールステップで指導を行っていくことが大切です。特に低学年は、広がり方のイメージがないため、混乱することが多くあります。また、発達障害の子供たちも、高度な動きを伴うため、パニックになることが考えられます。

そこで、ステップ１では、両手間隔をしっかりと指導をしておくようにします。体育の時間で指導を続けていけば、子供たち同士の間隔も適切な距離になっていきます。

ステップ２や３では、広がり方を限定します。限定するから、子供たちは何をやるかが明確になり、適切に動くことができるようになります。

No. 88

準備運動を活用したチーム分け/ボールゲーム編

実施学年：２年生以上 ｜ 準備物：ボール

ステップ 1 

子供たち全員がボールを持つ

ステップ 2

体育館のバスケットゴール２つにシュートを決めたら、中央に戻る

POINT

バスケットボールで均等なチーム分けをするときには、ドリブル力やシュート力の高い子供たちを振り分けなければなりません。そこで、準備運動の際に子供たちの能力を見ながら、チーム分けも行ってしまいます。まず、子供たち全員にボールを持たせます。

POINT

「周りに４つのバスケットゴールがあります。どこでも構いません。ドリブルでボールを運び、２つのゴールを決めたら、体育館の中央に集まります」と指示をして、中央で待ちます。早く戻ってくる子供は、シュート力やドリブル力などがあるといえます。

[体育]

▶▶▶アドバイス

チーム分けは戦力を均等にするのが重要です。様々な方法がありますが、準備運動の時間に均等に戦力を分ける決め方があります。これは、バスケットボール以外にもサッカーなどで応用が可能です。また、毎回チーム編成も可能になります。

ステップ3

戻ってきた順に子供たちに番号を割り振り、チーム分けをする

POINT

子供たちを均等な6チームにするために次のようにします。

1 2 3 4 5 6　7 8 9 10 11 12　・・・

①②③④⑤⑥　⑥⑤④③②①　①②③

※123・・・は、中央にきた順です。

①～⑥がチームです。

これをウェバー方式といいます。

解説

この方法のポイントは男女別で行い、最後にチームを合体させることです。

例えば、サッカーの場合、まず女子だけに次のように指示をします。

「登り棒にシュートして当てたら戻ってきます」女子だけで一斉にスタートをします。戻ってきた子供たちに番号を振っていきます。バスケットボールと同様にドリブル力とシュート力がある子から戻ってきます。４チームに分ける場合には、次のようにします。

1 2 3 4　5 6 7 8　9 10 11 12　・・・

①②③④　④③②①　①②③④　・・・

これでトップの４人が別々のチームになることになります。これを２巡目、３巡目と繰り返していけば、ほぼ均等にチームを分けることができます。

次に男子も同様の手順でチームを分けます。男女混合で行う場合には、最後にチームを合体させます。

この方法のよいところは大きく２つあります。

1　短時間でできること

2　チーム分けが学習活動になること

最後の微調整は教師がその場で行い、チームの均等化を図ることもできます。

No. 89

入水指導

実施学年：全学年 ｜ 準備物：笛（ホイッスル）

ステップ1 

笛の合図で立つ

POINT

授業開始時には、誰でもできる簡単な指示を厳しく、徹底して守らせるようにします。まず、笛を鳴らして子供たちを立たせます。次に立つのが遅い場合には、やり直します。何度もやり直して、すばやく指示に従うということを体感させていきます。

ステップ2 

後ろ向きで入水する

POINT

後ろ向きで入水させることで、子供たちはプールに飛び込まないようになります。教師は、「回れ右。1、2、3」と指示を出します。子供たちは回れ右をした後、1で両手をついて、片足だけプールに足をつけます。2でもう一方の足をプールにつけ、3で入水します。

［体育］

▶▶▶アドバイス

授業の開始時には、簡単な指示を徹底します。厳しすぎるくらいで構いません。厳しく指導することで、その後の指導や指示で子供たちをたくさん褒めることができるようになります。

ステップ 3 

簡単な指示を全員に徹底する

POINT

ステップ２で指示通りでない場合には、やり直しをさせます。お説教などせず、「プールから出ます」と言い、全員をプールから出します。１で片足、２で両足、３で入水という流れは誰でもできる入水の流れです。だからこそ、教師は指示の徹底を図りましょう。

解説

入水指導では、言葉をできるだけ短くします。「回れ右。１、２、３」といったようにできるだけ短い指示を出すように意識しましょう。この指示で、子供たちは回れ右をした後、１で両手をついて、片足だけプールに足をつけます。２でもう一方の足をプールにつけ、３で入水します。

授業の後半になれば、さらに言葉を短くし、「ピッ（笛の音）、１、２、３」だけになります。ここまでくれば、あとはマイクを使わずに「ピッ（笛の音）、１、２、３」と言うだけで入水があっという間に完了します。

「後ろ向きで入水する」というルールを徹底することで、安全で運動量が豊富な水泳指導が可能となります。テンポよく指示を出すと、子供たちは焦って、プールに飛び込むように入水することになってしまいます。その一方で、「回れ右」をすることを徹底することで、子供たちは絶対に飛び込まないようになります。そのためにも、授業開始時には、誰もができる指示を徹底するように指導を行います。その際にできていない子を見逃さないようにしましょう。

No. 90

水泳指導

プールを横に活用した指導

実施学年：３年生以上 ｜ 準備物：笛（ホイッスル）

ステップ 1

様々な泳法を体験する

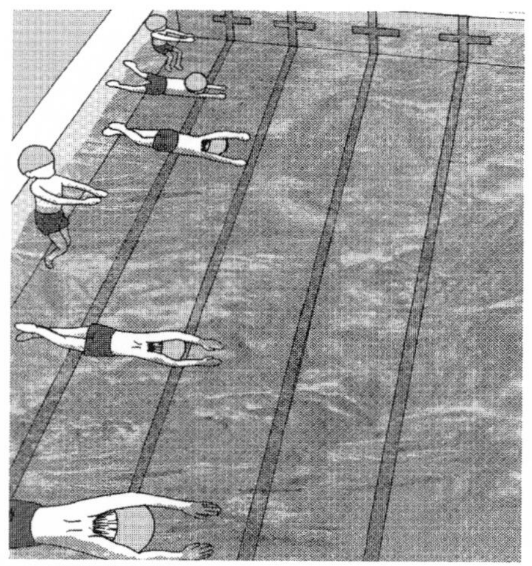

POINT

①けのび②バタ足③クロールの手だけ④クロール⑤平泳ぎの足だけ⑥平泳ぎの手だけ⑦クロール２往復、平泳ぎ１往復⑧背泳ぎ⑨バタフライ⑩ちょうちょ泳ぎなど、様々な泳ぎ方を子供たちに体験させましょう。できなくても泳いでいるうちにできるようになる子もいます。

ステップ 2

Ａ側の子供がＢ側の壁をタッチしてＡの壁に戻る前に、Ｂ側の子供がスタートする

POINT

最後の子供がたどり着くまで待っていると、泳ぎの遅い子は目立ってしまいます。また、追いかけるように反対側の子供たちがスタートすることで、泳ぐのが遅い子にもプレッシャーを与えたり、追いかけるのが楽しくなり、夢中で泳いだりする子も出てきます。

［体育］

▶▶▶アドバイス

ステップ2のイラストのように、A側の子供がB側の壁をタッチしてAの壁に戻る前に、B側の子供をスタートさせるようします。こうすることで、泳ぐのが遅い子も目立ちません。また、時間短縮にもなり、運動量を確保することができます。

ステップ3

「できなくても泳いでみる」ことを伝える

POINT

「平泳ぎの足だけ」「バタフライ」などと言うと、「できない！」と言う子が出てきます。そんなことは気にしないで、続けるようにします。もちろん、泳力別練習の際には、しっかりと手や足の動きを指導しますが、様々な泳法を体験させることも大切な指導です。

解説

次の順序で泳がせます。ただし、子供たちの実態や指導時間を考慮して柔軟に変えるようにします。

①けのび
②バタ足
③クロールの手だけ
④クロール
⑤平泳ぎの足だけ
⑥平泳ぎの手だけ
⑦クロール２往復、平泳ぎ１往復
⑧背泳ぎ
⑨バタフライ
⑩ちょうちょ泳ぎ

指示をする際には、「けのび（ピッ）」というように泳法を伝え、笛（ホイッスル）を吹きます。指示が短いと全体に指示が伝わりやすくなります。

A側の最後の子がAの壁に戻る前にB側の子供をスタートさせることも大切です。最後の子供がたどり着くまで待っていると、泳ぎの遅い子は目立ってしまいます。また、追いかけるように反対側の子供たちがスタートすることで、泳ぐのが遅い子にもプレッシャーを与えることもできます。そして、時間短縮にもなり、運動量を確保することができます。

No.
91

水泳指導

プールを縦に活用した指導

実施学年：３年生以上 ｜ 準備物：笛（ホイッスル）

ステップ 1 

各コースに１列（２列）に並ぶ

POINT

学年の人数にもよりますが、各コース１列か２列に並ばせます。この時、どのコースに並んでも構いません。空いているコースを見つけたら、どんどん並ぶように指導をしましょう。前の人がスタートしたら、間を空けないようにすぐに入水し、スタートまで待機させます。

ステップ 2 

前の人が５ｍラインを越えたらスタートする

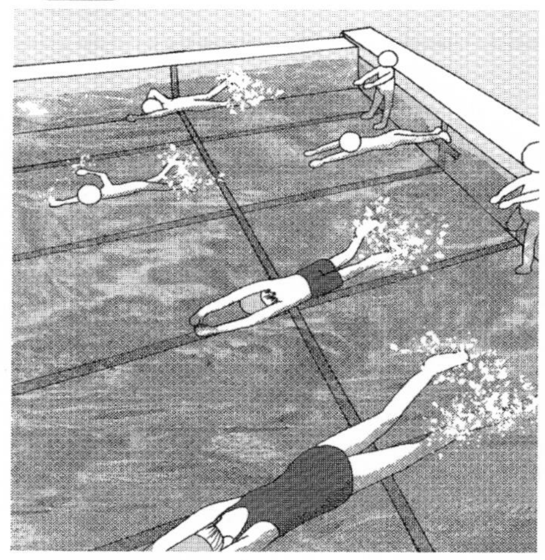

POINT

前の人がスタートし、５ｍラインを越えたらスタートさせます。最初は教師が笛を吹き、スタートの合図をしてあげましょう。大体全員が一度は泳いだら、笛を吹くのをやめて、子供たちに任せます。最初はできない子もいますが、慣れてくるとできるようになります。

[体育]

▶▶▶アドバイス

教師の指示がなくても動けるような全体のシステムをつくることが大切です。しかも、泳ぐのが速い子も、遅い子も満足するような個人差に対応した学習の流れをつくるようにしましょう。何回か実施すれば、子供たちに定着していきます。

ステップ3

25m泳いだら上がってプールサイドを歩いて戻る

POINT

子供たちは次から次へと泳いでいきます。プールが空かない状態になります。25m泳いでプールサイドを歩いて戻ってきたら、空いているコースを見つけさせてどんどん泳がせましょう。疲れていれば休んでもよいし、泳ぎたければどんどん泳げばよいことを伝えましょう。

解説

初期指導では、教師が丁寧に指導する必要がありますが、慣れてくれば教師が最初の笛を吹くだけで、子供たちはどんどん泳ぐようになります。

ステップ1では、学年の人数によって教師が列の数を決め、子供たちに伝えるようにします。また、このときにクロールや平泳ぎなど、泳法を指定する方法もあります。こうすることで、子供たち同士の間隔が著しく狭くなったり、すぐに追い抜いたりすることも少なくなります。また、泳力別でコースを指定すると、同じくらいの泳力をもった子供たちが集まるので、子供たちも安心して学習できたり、切磋琢磨したりすることができます。ステップ1～3のポイントは、一方通行である点にあります。これは、体育の指導で特に大切な安全面の配慮につながります。また、プールサイドを歩いて戻ってくることで、呼吸を整えたり、適度なインターバルを取ったりすることができます。このシステムだと、疲れた子供は休むことができ、泳ぎたい子供はどんどん泳ぐことができるようになります。つまり、個人差に対応した学習システムといえます。

No.
92

水泳指導を見学する児童の指導

実施学年：全学年 ｜ 準備物：見学用のワークシート

パターン 1

ビート板の準備や後片付けなどの手伝いをする

POINT

忘れ物をしてしまってプールに入れない子供たちには、積極的に仕事を手伝ってもらいましょう。ビート板の準備や片付けだけでなく、教師が使ったハンドマイクやスピーカーなど、体調が悪くない場合には、水泳指導にかかわるお手伝いをしてもらいましょう。

パターン 2

タイムの記録をする

POINT

高学年であれば、タイムの測定の記録を手伝ってもらいます。教師がスタートの合図をして、児童に測定してもらい、泳いだ子にタイムを伝えてもらいます。また、見学した子に名簿に記録を書いておいてもらえば、泳いでいる子のタイムの変化も知ることができます。

[体育]

▶▶▶アドバイス

体調が優れなかったり、水泳指導で使う道具を忘れたりするなど、水泳指導を見学する子供たちの理由は様々です。そのため、見学する児童の理由に合わせて、見学指導の工夫をすることが大切になってきます。

パターン3 見学用ワークシートの作成をする

POINT

見学用のワークシートを準備している学校も多いと思います。しかし、内容が少ないとすぐに終わってしまい、子供たちは、すぐに遊んだり、話し始めたりします。そこで、ワークシートの裏面に感想を書かせたり、書く部分を増やしたりするなどの工夫をしておきます。

解説

体調が優れない子供には無理をさせないようにし、水泳指導の道具を忘れた子には、どんどん手伝ってもらうと子供たちも飽きずに水泳指導の時間を過ごすことができます。また、大量のお手伝いやワークシートを書いたりすることで「次回は、忘れないようにしよう」と思う子供も増えていきます。

見学する児童に配慮したいことは、見学する場所です。日陰の場所は確保できているでしょうか。また、熱中症対策で水分を摂取させたり、プールサイドが高温になってやけどをさせないようにしたりするのも教師の大切な役割といえます。

その一方で、お手伝いをしている子供たちには、帽子を被らせるようにしましょう。炎天下でずっと手伝いをしていると体調を崩す子も出てくるので、様子を見ながら適宜休ませたり、水分を摂取させたりしましょう。

見学用のワークシートは、ノートを活用することもできます。ノートだとたくさん書くことができます。また、たくさん書くのが苦手な子は、できるだけ見学しないように努力し始めます。

No.
93

マットの出し方の指導

実施学年：３年生以上 ｜ 準備物：マット、ホワイトボード

ステップ1

全員の前でマットの運び方や置き方などのモデルを示す

POINT

マットの運び方は担任の教師によって指導の仕方が異なるため、最初に子供たち全員の前で運び方や置き方などを指導しましょう。その際には、実際にモデルを具体的に示してから、全員に行わせます。丁寧に置くことやマットの耳をしまうことなどを教えます。

ステップ2

ホワイトボードやスケッチブックにマットの配置を示す

POINT

子供たち全員にどのグループがどこを担当するのかなど、マットの配置を図示しましょう。こうすることで教師が一つ一つ説明しなくても、子供たちが自主的に準備をするようになります。また、継続していくことで、準備の時間が速くなっていき、運動量の確保もできます。

[体育]

▶▶▶アドバイス

マットなどの道具を使う学習の場合には、初期指導がその後の授業の成否に大きく関連してきます。そのため、最初の指導で教師は道具の扱い方や学習の場づくりなどについて丁寧に指導しておく必要があります。

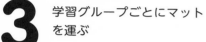

ステップ 3

学習グループごとにマットを運ぶ

POINT

学習グループごとに運ばせる際には、教師はマットの保管場所の近くにいるようにします。その際にマットを運ぶ際の動線を指導します。すると、一方通行の流れができ、マットを安全に混乱なく運ばせることができます。子供が丁寧に運んでいることを褒めましょう。

解説

マットの準備には、様々な危険が伴っています。また、準備に時間がかかってしまうと、授業の中で子供たちの運動量を確保することが難しくなります。そのため、安全に早くマットを準備する必要があります。

そこで、マット運動の授業の最初に左記のステップでマットの運び方や置き方を指導します。こうすることで、子供たちはマットの運び方や配置を具体的にイメージすることができます。

マットの準備の仕方が身に付いてきたら次のように指示を出します。

「誰とでもいいから４人グループでマットの準備をします」こうすると、次の時間からチャイムと同時に授業を始めることができます。このように準備をシステム化しておくことで、授業内の子供の運動量が増えていきます。

マットの後片付けも準備と同様に最初の時間に指導します。準備や後片付けをシステム化しておくことで、教師の手間が減り、子供の活動量を増やすことができます。準備や片付けのやり方を忘れてしまった子供には、その都度教えていき、褒めるようにしましょう。

No.
94

跳び箱の基本指導①

実施学年：３年生以上 ｜ 準備物：跳び箱、マット

ステップ1 

跳び箱をまたいで座る

POINT

子供が跳び箱をまたいで座るときに足が地面に着かない高さの跳び箱を用意します。あまり高すぎても恐怖感があるので３～４段にします。また、小学校用ではなく幼児用の跳び箱があれば、ぜひ活用しましょう。準備ができたら子供に跳び箱をまたいで座らせます。

ステップ2 

両足の間に入れた両腕で体を持ち上げる

POINT

両足の間に入れた両腕で体を持ち上げさせます。このことにより、子供は両腕で自分の体重を支える体験をすることになります。この体験をゆっくりゆっくり何度もさせます。この時に教師は、子供の手の着き方やひじが曲がっていないかなどを確認するようにしましょう。

[体育]

▶▶▶アドバイス

跳び箱が跳べない子供の原因は「腕を支点とした体重移動ができないから」と向山洋一氏はかつて問題提起をしました。そして、跳び箱が跳べない子供に体重移動の体験を積ませる指導法を開発し、跳び箱指導のステップを示しています。

ステップ 3

腕で支えて跳び下りる

POINT

両足の間に入れた両腕で体を持ち上げる体験をある程度させたら、ゆっくり跳び下りさせます。これを少なくとも５回以上は繰り返させます。ゆっくり下りさせることで、子供は両腕で自分の全体重を支え、体重を移動させるという体験をより感じることができます。

解説

跳び箱が跳べないのは、自転車に乗れない子供が、乗っている感覚が分からないのと似ています。そこで大人は自転車の荷台をつかまえて走らせてやり、感覚をつかませていきます。

跳び箱指導も同様で、跳び箱が跳べない子供は、腕を支点とした体重移動ができません。そのため、教師が子供に腕を支点とした体重移動をする体験を意図的に積ませていく必要があります。それが左記に示したステップです。

ステップ１では、児童の実態に合った跳び箱を準備するのがポイントです。幼児用の跳び箱は、子供の恐怖感を軽減することができるとともに、またぎやすくなるというメリットもあります。

ステップ２では、何度も子供に両腕で自分の体重を支える体験をさせることが重要です。子供がこの感覚を身に付けないと跳び箱を跳ばせることが難しくなります。

ステップ３では、ゆっくり跳び下りさせることが大切です。子供は、慣れてくるといい加減になるので、教師が励ましの声を掛けるようにしましょう。

No.
95

跳び箱の基本指導②

実施学年：３年生以上 ｜ 準備物：跳び箱、マット

ステップ1

教師は跳び箱の横に立つ

POINT

教師が右利きなら子供は教師の右側から助走をとるようにします。教師は跳び箱の踏切板側に立つようにしましょう。これはステップ３の補助をする際に子供の恐怖感や緊張感を和らげるためです。「教師がいるから大丈夫」という安心感を与えましょう。

ステップ2

子供は跳び箱の２～３ｍ手前から助走する

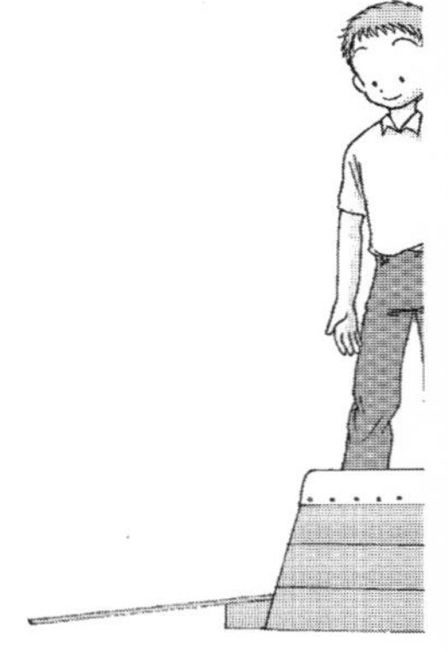

POINT

助走を長くしないように気を付けましょう。最初は１、２歩の助走で十分です。助走ができていたら、「両足をそろえて踏み切ることができるか」「跳び箱の上に跳び乗ることができるか」をチェックしましょう。この２つができていれば、必ず跳ぶことができるようになります。

[体育]

▶▶▶アドバイス

向山洋一氏が開発した跳び箱指導は大きく２つのステップ（A式・B式）に分かれています。跳び箱のA式（基本指導①）を行った後に、B式（基本指導②）を行います。A式（基本指導①）が不十分だと効果が上がりません。

ステップ3

教師が子供を補助し、跳ぶ感覚をつかむ

POINT

子供が踏切板を踏み切ると同時に、教師は自分の左手で子供の左上腕をつかみ、子供の太ももを右手で下から支えながら、前に送って跳び箱を跳ばせるようにします。何回かやっているうちに、右手にかかる体重が軽くなります。跳べそうだと思ったら、手を引きます。

解説

次のステップで指導を行いましょう。

①教師は跳び箱の横に立つ。
（教師が右利きなら子供は教師の右側から助走をとるようにします。）

②子供に跳び箱の２～３m手前から助走させる。

③子供が踏切板を踏み切ると同時に、教師は自分の左手で子供の左上腕をつかみ、子供の太ももを右手で下から支えながら、前に送って跳び箱を跳ばせる。

④練習を繰り返すうちに、教師の右手にかかる体重が軽くなってくる。

⑤子供が一人で跳べそうだと感じたら、教師は手を引く。

このB式（基本指導②）を10回程度行えば、必ず子供は補助なしで跳ぶことができるようになります。跳べない子には別の手立てを行います。

子供には跳び箱の上にまたいで座るつもりで行えばよいことを伝えます。教師は、必ず「その調子」「上手だね」などと励ましの声を掛け続けるようにしましょう。跳ぶことができるようになったら、クラスのみんなの前で跳ばせて、喜びを分かち合うのもお勧めの方法です。

No. 96

縄跳び指導の基本システム

実施学年：全学年 ｜ 準備物：なわとび級表、なわとびチャレンジシール、クラス名簿表、筆記用具

ステップ 1

なわとび級表を準備する

なわとび級表

3年1組（中村 康 ）

なわとびシールの色		まえりょう足	まえかけ足	まえりょう足あや	まえかけ足あや	まえこうさりょう足	まえこうさかけ足	うしろりょう足	うしろかけ足	うしろりょう足あや	うしろかけ足あや	うしろこうさりょう足	うしろこうさかけ足	二重跳び	
白1	20級	[illegible]	[illegible]					2	2						
白2	19級	[illegible]	[illegible]	[illegible]				5	5	1					
白3	18級	[illegible]	[illegible]	[illegible]	[illegible]			10	10	2	1				
白4	17級	[illegible]	[illegible]	[illegible]	[illegible]			20	20	5	2				
白5	16級	[illegible]	[illegible]	[illegible]	[illegible]	1		30	30	10	5				
黄1	15級	[illegible]	[illegible]	[illegible]	[illegible]	2	1	40	40	20	10				
黄2	14級	[illegible]	[illegible]	[illegible]	[illegible]	3	2	50	50	30	20	1			
黄3	13級	[illegible]	[illegible]	40	30	4	3	60	60	40	30	2	1		
黄4	12級	[illegible]	[illegible]	50	40	6	4	70	70	50	40	3	2		
黄5	11級	[illegible]	[illegible]	60	50	8	6	80	80	60	50	5	3		
青1	10級	[illegible]	[illegible]	70	60	10	8	90	90	70	60	10	5	1	
青2	9級	[illegible]	120	80	70	15	10	100	100	80	70	15	10	2	
青3	8級	[illegible]	130	90	80	20	15	110	110	90	80	20	15	3	
青4	7級	[illegible]	140	100	90	25	20	120	120	100	90	25	20	4	
青5	6級	[illegible]	150	110	100	30	25	130	130	110	100	30	25	5	
緑1	5級	160	160	120	110	35	30	140	140	120	110	35	30	6	
緑2	4級	170	170	130	120	40	35	150	150	130	120	40	35	8	
緑3	3級	180	180	140	130	45	40	160	160	140	130	45	40	10	
緑4	2級	190	190	150	140	50	45	170	170	150	140	50	45	12	
緑5	1級	200	200		150		50	180	180		150		50	15	

POINT

なわとび級表（カード）を準備し、子供たちに見せます。なわとび級表は、東京教育技術研究所から販売されているものでも、学校統一のカードでも実践が可能です。縄跳びをするときには、やりすぎてしまう子を配慮するためにも、3人1組で行うようにしましょう。

ステップ 2

進級したら、なわとびチャレンジシールを貼る

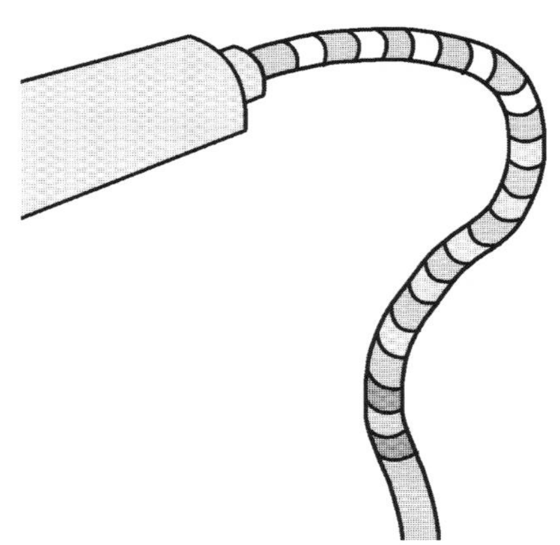

POINT

例えば、20級から16級までは白のテープを貼ります。20級は白テープ1本、16級なら5本のテープとなります。1級ごとにテープを跳び縄に交互に貼っていきます。15級から11級までは黄色にするなど色を変えます。子供のやる気を引き出すことにつながります。

[体育]

▶▶▶アドバイス

　縄跳び指導の基本システムのポイントは、「①なわとび級表を準備する」「②進級したら、なわとびチャレンジシールを貼る」「③クラス名簿表を作成する」という３つです。この３点セットが縄跳びを上達させるシステムをつくり出します。

ステップ

3 クラス名簿表を作成する

1		20	19	18	17	16	15	14	13	12	11	10	9	8	7	6	5
2	阿部　詩織																
3	伊藤　誠一																
4	上田　正文																
5	岡田　ひとみ																
6	加藤　真吾																
7	木下　明																
8	小林　淳人																
9	斉藤　愛美																
10	佐藤　由香																
11	鈴木　裕也																
12	田中　雅人																
13	津田　由紀子																
14	中村　康																
15	根本　麗華																
16	野口　信弘																
17	橋本　圭吾																
18	福田　麻耶																
19	星野　明穂																
20	松下　美紀																
21	三上　菜々																
22	森　康太																
23	山田　真																
24	山本　優																
25	渡邉　健一																

POINT

　工作用紙の縦の欄にクラスの名簿順に名前を書きます。ゴム印でも構いません。横の欄に20級、19級、18級……と級を書いておきます。子供たちは、自分が到達した級まで赤鉛筆（マーカー）で塗ります。こうすることで、子供たちが一層やる気になります。

解説

　体育の時間に子供たちを集合させた後、なわとび級表を配ります。教師はなわとび級表を掲示し、実際に色を塗ってみせるなど、なわとび級表の使い方を説明します。

　一通り説明を終えたら、３人１組をつくらせます。「困ったことがあったら同じグループの人と先生に聞きに来ます」と話し、活動を開始します。

　開始したら、子供たちはどんどん自主的に縄跳びを始めます。その間に教師は、励ましの声を掛けたり、個別に配慮が必要な子供のところへ行き、個別指導を行ったりしましょう。

　教室に戻ったら、子供たちに空いた時間になわとびチャレンジシールを貼らせたり、クラス名簿表の色を塗らせたりします。この時、丁寧にチャレンジシールを貼ったり、丁寧に塗ったりすることを教えます。

　教師は努力している子をどんどん褒め、称賛するようにしましょう。

　その一方でやりすぎ状態にならないように注意することも大切です。

No. 97

二重跳びリレーの指導

実施学年：全学年 ｜ 準備物：跳び縄

ステップ 1 

男女別に一列に並ぶ

POINT

このリレーは２チーム対抗戦で行います。４チームではなく、２チームで戦うからこそ、子供たちは熱中します。勝ち負けがはっきりとするからです。これを男女対抗にするとさらに盛り上がります。これで二重跳びが苦手な子も、熱心に練習に取り組むようになります。

ステップ 2 

前から順に跳ぶ

POINT

前から順に跳ばせていきますが、跳んでいる次の子供はすぐに二重跳びが跳べるように準備をさせておきます。それ以降の子供は、座って応援させます。応援があると、リレーが盛り上がります。また、応援に応えようと自主的に二重跳びの練習に励む子供も出てきます。

[体育]

▶▶▶アドバイス

２チームに分かれ、各チーム１人ずつ二重跳びがひっかかるまで跳び、ひっかかったら交代していきます。できるだけ長く跳び続け、最後まで跳んでいたチームが勝ちとなる二重跳びのリレーです。シンプルなルールだからこそ、盛り上がります。

ステップ3

勝負がついても最後まで全員跳ぶ

POINT

勝負がついた時点で対決を止めないことが大切なポイントです。片方のチームが全員跳び終わった時点で、「勝敗がついたから」、と二重跳びリレーを終えてしまうと、勝利チームの中には、跳ばないで終わってしまう子も出てきます。これでは、運動量の確保ができません。

解説

１回も二重跳びができない子には、次のような指示をします。

「１回二重跳びをしたら、しゃがみこみます」

これで１回はできるようになります。あとは、

①二重跳び１回
②前跳び
③二重跳び１回
④前跳び

というように練習をさせた上で、連続２回に挑戦させます。

また、「前跳びが 30 秒間で 70 回以上跳ぶことができれば、二重跳びができるようになります」など科学的なデータをもとに、具体的な目標を示すことも大切です。

縄跳びの学習は、運動量の確保を意識しすぎるとやりすぎて足を痛める子も出てきます。

二重跳びリレーのようにシステムを活用し、子供たちが楽しみながら学習できるように工夫していきましょう。

跳び縄を忘れた子の分を用意しておくようにしましょう。

No. 98

長縄指導

ルートを示す指導

実施学年：全学年 ｜ 準備物：長縄、カラーコーン

ステップ 1

教師と回し手の間を通る

POINT

跳べない子ほど、恐怖心のあまり、はやく縄から抜けたいという症状にかられがちです。そこで、ひっかかる可能性の低い「通路」を指定するようにします。教師は回し手の横に立ち、回し手と教師の間を通るように指示を出します。だんだんと教師と回し手の間を狭めていきます。

ステップ 2

右手で前の人の右肩をつかむ

POINT

縄を跳ぶスピードが上がってくると、前後の子供同士の距離が離れてきます。そうなると、縄に跳び込むタイミングがずれて、ミスにつながります。そこで「右手で前の人の右肩をつかみます」と指示をします。こうすることで、タイミングがずれるミスを減らすことができます。

[体育]

▶▶▶アドバイス

縄へ入るタイミングを目で測る、瞬時に縄に跳び込む、跳び込んだと同時に地面を蹴る、適切な方向へと素早く抜け出すなど、苦手な子にとって長縄は、難しい運動であるため、恐怖心を植え付けないようにスモールステップで指導することが大切です。

ステップ3

回っている縄に入るときは、縄を追いかける

POINT

躊躇してなかなか縄に入ることができない子供には、目の前を縄が通過したら、その縄を追いかけていくように指導します。すると、だんだんと長縄の中に入れるようになります。また、最初は跳ばせないで、縄に入って通り抜けることだけをさせ、自信を付けていきましょう。

解説

最初は長縄を跳ぶことが難しい子供たちが多い場合があります。

そのときは、縄をゆっくり大きく回し、縄を通り抜けさせます。それでも難しい子供がいたら、２人組で取り組ませるようにします。手をつなぎ、手を引っ張られることでタイミングをつかんでいきます。

また、１回で縄に入ることができない子供がいたら、次のようなステップで指導をします。

①２回空待ちで入る
②２回空待ちで入り、跳ぶ
③１回空待ちで入る
④１回空待ちで入り、跳ぶ
⑤〇回空待ちで入る
⑥〇回空待ちで入り、跳ぶ

回す縄のスピードを遅くし、「全員が跳ぶことができる」という成功体験を積ませることが大切です。

ステップ１の「教師と回し手の間を通らせる」指導では、教師の代わりにカラーコーンでも構いません。子供たちはカラーコーンを目印に通る道筋を確認することができます。

No. 99

鉄棒指導

鉄棒遊びの指導

実施学年：低学年 ｜ 準備物：笛（ホイッスル）、リズム太鼓

ステップ 1

テンポよく指示をする

POINT

特にクラスの人数が多い場合には、交代を含め、子供たちがテンポよく動かなければ、だれてきます。ホイッスルやリズム太鼓などを上手に活用し、子供たちがスムーズに動けるようなシステムをつくっておくことが大切です。教師もテンポを意識して指導をしていきましょう。

ステップ 2

個別指導に時間をかけすぎない

POINT

その時間にできなくても、できないことにこだわりすぎないようにしましょう。子供たちは、何度も何度も運動を繰り返していくうちに、徐々にできるようになってきます。しかし、何もしないわけではありません。短時間でできる補助や個別指導は可能な限り行いましょう。

[体育]

▶▶▶アドバイス

鉄棒指導のポイントは、次の３つです。①テンポよく指示をする。②個別指導に時間をかけすぎない。③楽しく指導をする。これらのポイントを意識することで、子供たちは鉄棒の運動が好きになり、様々な感覚を身に付けていくことができます。

ステップ 3 楽しく指導をする

POINT

低学年の子供たちは、遊具を使った遊びが大好きです。また、教師が休み時間に運動場へ出かけていくと、喜んで近くに寄ってきます。その際に、鉄棒をはじめ様々な遊具に触れさせ、教師が楽しそうに苦手な子も巻き込みながら指導をしていくようにします。

解説

鉄棒遊びの基本的なパーツには以下のようなものがあります。

①ダンゴ虫
②豚の丸焼き
③布団干し
④つばめ
⑤布団干し→つばめ
⑥こうもり
⑦こうもり（手放し・ゆらゆら）
⑧地球回り
⑨つばめ→前回り下り
⑩逆上がり

※逆上がりができない子には①～⑨でできることをさせます。

逆上がりができるようになるには、様々な感覚が必要です。その感覚を養うためにも、鉄棒以外の場面でも様々な運動を体験させるようにします。例えば、低学年の体育では、「器械・器具を使っての運動遊び」の領域の中に「固定施設を使った運動遊び」があります。その指導の際に、ジャングルジムやうんてい、登り棒などの遊具を使って、「登り下り」「逆さ姿勢」「懸垂移行」など腕の筋力を鍛えたり、逆さ感覚を養ったりしましょう。

逆上がりの指導

実施学年：全学年 ｜ 準備物：くるりんベルト

ステップ 1

体に合った鉄棒を選び、くるりんベルトを正しく装着する

POINT

体に合った鉄棒の高さが分からない子供には、「おへそよりも少し上の高さ」の鉄棒を選ばせます。くるりんベルトには、正しい使い方（ユースウェア）があります。正しい使い方をしないと怪我をする可能性があります。説明書があるので、書いてある通りに指導をします。

ステップ 2

逆上がりが３回できたら、ベルトを長くする

POINT

くるりんベルトを使って逆上がりが３回できたら、一段階ベルトの長さを長くします。少し長くなったベルトで逆上がりが３回できたら、同様にもう一段階ベルトを長くします。うまく逆上がりができなかったら、ベルトの長さを一段階短くして再度練習をさせます。

[体育]

▶▶▶アドバイス

逆上がりができない原因は大きく分けて2つあります。①体を鉄棒に引き付けることができない、②お尻が腰より高く上がらない、足が上がらない。これらを解決する教具が「くるりんベルト」です。逆上がりの指導には、この教具が極めて効果的です。

ステップ3

最後は、くるりんベルトを付けずに練習する

POINT

くるりんベルトの最も長い状態(赤い目盛り)で3回逆上がりができるようになったら、最後はくるりんベルトを付けずに練習をさせます。その際には、しっかりと腕を曲げたままで行わせましょう。この時の教師の大切な役割は、「励まし続ける」ことです。

解説

くるりんベルトの使い方(ユースウェア)は次の通りです。

①体に合った鉄棒を使う。
　(目安はおへそより少し上の高さ)
②くるりんベルトを正しく装着する。
③くるりんベルトを使って、逆上がりが3回できたら、目盛りを一段階ずらす。
④少し長くなったベルトで逆上がりが3回できたら、同様に一段階ベルトを長くする。うまくできなかったら、ベルトを一段階短くして再度練習する。
⑤ベルトが最も長い状態(赤い目盛り)で3回できたら、最後はくるりんベルトを付けずに練習する。

くるりんベルトは、腰と鉄棒を密着させるための道具です。そのため、体を鉄棒に引き付ける力の弱い子に極めて有効的です。

お尻が腰より高く上がらない子は、逆さ感覚の体験不足による恐怖心があると考えられます。この場合には、鉄棒以外の体育の場面でも、できるだけ逆さ感覚に慣れさせるようにしましょう。

◎著者紹介

千葉雄二（ちば・ゆうじ）　東京都小平市小平第四小学校教諭

村野　聡（むらの・さとし）村野聡 CHANNEL
https://www.youtube.com/channel/UCVfcPCB1bxIogQXPq4FGi3Q

久野　歩（くの・あゆむ）　東京都目黒区五本木小学校教諭

井出本美紀（いでもと・みき）　東京都中央区立月島第二小学校教諭

◎本文執筆分担項目

久野　歩　1～8、37～40、61～70、81～100

村野　聡　9～31、71～80

千葉雄二　32～36、41～60

井出本美紀　本文全ページのイラスト担当

イラスト版 3ステップで早わかり！
主体的・対話的で深い学び実現の指導法100
―若手教師必携！ ベーシックフレーム―

2020年8月15日　初版発行

著　者　千葉雄二・村野聡・久野歩・井出本美紀（イラスト）
発行者　小島直人
発行所　株式会社学芸みらい社
〒162-0833　東京都新宿区箪笥町31箪笥町SKビル
電話番号 03-5227-1266
http://www.gakugeimirai.jp/
E-mail : info@gakugeimirai.jp
印刷所・製本所　藤原印刷株式会社
企　画　樋口雅子
校　正　大場優子
装丁デザイン・本文組版　小沼孝至

ISBN978-4-909783-50-9 C3037